THE MANAGER'S HANDBOOK

Five Simple Steps to Build a Team,
Stay Focused, Make Better Decisions and Crush Your Competition

管理者手册

五步教你从组建团队到击败对手

[美] 大卫·多德森 ◎著
（David Dodson）

商利 ◎译

David Dodson. The Manager's Handbook: Five Simple Steps to Build a Team, Stay Focused, Make Better Decisions, and Crush Your Competition.

ISBN 9781394174072

Copyright ©2023 by David Dodson. All rights reserved.

This translation published under license. Authorized translation from the English language edition, Published by John Wiley & Sons. Simplified Chinese translation copyright ©2025 by China Machine Press.

No part of this book may be reproduced or transmitted in any form or by any means, electronic or mechanical, including photocopying, recording or any information storage and retrieval system, without permission, in writing. from the publisher. Copies of this book sold without a Wiley sticker on the cover are unauthorized and illegal.

All rights reserved.

本书中文简体字版由John Wiley & Sons 公司授权机械工业出版社在全球独家出版发行。

未经出版者书面许可，不得以任何方式抄袭、复制或节录本书中的任何部分。

本书封底贴有 John Wiley & Sons 公司防伪标签，无标签者不得销售。

北京市版权局著作权合同登记　图字 01-2023-5588 号。

图书在版编目（CIP）数据

管理者手册：五步教你从组建团队到击败对手 / (美) 大卫・多德森 (David Dodson) 著；商利译 .
北京：机械工业出版社, 2025.3. -- ISBN 978-7-111-78089-2

I. F272.9-62

中国国家版本馆 CIP 数据核字第 20251W5S14 号

机械工业出版社（北京市百万庄大街 22 号　邮政编码 100037）
策划编辑：许若茜　　　　　　　　　责任编辑：许若茜　孙　旸
责任校对：李　霞　张慧敏　景　飞　责任印制：张　博
北京铭成印刷有限公司印刷
2025 年 9 月第 1 版第 1 次印刷
170mm×230mm・18.5 印张・1 插页・218 千字
标准书号：ISBN 978-7-111-78089-2
定价：79.00 元

电话服务　　　　　　　　　网络服务
客服电话：010-88361066　　机 工 官 网：www.cmpbook.com
　　　　　010-88379833　　机 工 官 博：weibo.com/cmp1952
　　　　　010-68326294　　金 书 网：www.golden-book.com
封底无防伪标均为盗版　　　机工教育服务网：www.cmpedu.com

目 录
THE MANAGER'S HANDBOOK

前 言

引 言　成事者的五项必备技能

|第一部分|　不遗余力地组建团队

第 1 章　**招聘：以结果为导向**　2

　　　　　关注结果，抛却直觉　3

　　　　　制作招聘记分卡　5

　　　　　团队合作　7

　　　　　系统化面试　9

　　　　　进一步面试　15

　　　　　背景调查　16

　　　　　态度友善　19

　　　　　总结　19

第 2 章　**100 天窗口期**　25

　　　　　新工作的头 100 天　26

100天窗口期战略　27

提供明确的支持　29

建立警觉流程　31

总结　33

第3章　即时绩效反馈　35

即时绩效反馈优于年度考核　37

绝对坦率　38

即时绩效反馈的六部分框架　40

总结　42

第4章　全方位考核法　45

缓慢启动，稳步推行　47

收集信息　48

"三C"原则　49

总结　53

第5章　指导表现不佳人员　56

四步流程　57

是否有指导价值　58

提升计划　60

注定失败综合征　62

"无浑人法则"　63

总结　63

第 6 章　**最难分手时**　67

　　做出决定　68

　　真正的同情是做好准备工作　69

　　离职协议　71

　　职场"分手"应直截了当　73

　　离职安排　75

　　向其他员工披露信息　76

　　总结　77

第 7 章　**不要浪费最后告别的机会**　86

　　竞争武器：离职面谈　87

　　面谈者　88

　　面谈　89

　　"三C"原则　91

　　总结　92

| 第二部分 |　**惜时"成瘾"**

第 8 章　**行动不等于进展**　96

　　先挤出更多时间　97

　　充分利用时间　102

　　改变环境　104

　　总结　105

第 9 章　把握好每一天才能把握好每一个月　107

艾森豪威尔将军矩阵　108

安排常规行动　110

先吃掉青蛙　113

潜心工作　114

完成大于完美　116

多思勤想　117

总结　118

第 10 章　应对数字灾难　120

多巴胺与持续分心　121

每天挤出 80 分钟　123

总结　127

第 11 章　七步组织成功会议　129

1. 设定会议目标　130
2. 有意识地选择参会人员　132
3. 提前准备背景信息备忘录　132
4. 选择会议主持人　133
5. 澄清问题　135
6. 表达想法和观点　135
7. 总结行动事项　136

总结　137

第 12 章 **委派工作** 139

　　管理下级经理　140

　　技能、实力和能力　142

　　运用"SCS"原则　143

　　运用即时绩效反馈　146

　　你的、我的、我们的　147

　　总结　148

| 第三部分 |　**乐于寻求并听取建议**

第 13 章 **五个问题** 152

　　首先，从你的团队开始　153

　　其次，顾客和客户　155

　　再次，供应商和销售商　156

　　最后，竞争对手　156

　　总结　158

第 14 章 **寻找导师与寻求指导** 161

　　导师和顾问记分卡　162

　　六步接触导师　164

　　表示尊重　165

　　总结　166

第 15 章　**高管教练**　168
　　什么是教练　169
　　寻找合适的教练　170
　　教练指导的流程　172
　　团体或同侪教练　173
　　总结　174

第 16 章　**顾问董事会**　177
　　选择董事会成员　178
　　四分之一法则　180
　　组织会议　182
　　总结　186

| 第四部分 | **设定并坚持优先级**

第 17 章　**关键绩效指标**　190
　　在正确的高度看待问题　191
　　务实、可执行、可衡量　192
　　化繁为简、简单易懂、频率适当、格式简单　193
　　总结　196

第 18 章　**经营计划**　198
　　创造机会　199

现在，划掉列表上的几乎所有的措施　201

寻求并听取建议　202

十倍的力量　203

总结　203

第 19 章　利用薪酬，统一努力方向　206

可变薪酬　208

薪酬、关键绩效指标和经营计划　209

定性目标：90 天计划　213

大方支付　214

新旧计划过渡　215

总结　216

| 第五部分 |　执着地追求卓越品质

第 20 章　质量推动利润增长　220

关键时刻　221

质量可以推动销量　222

质量可以提高定价能力　224

质量可以降低成本　225

总结　227

第 21 章　跟在拖拉机后面　229

乌比冈湖效应　230

客户回访　233
逐字理解客户反馈　235
预测评估和诊断评估　236
总结　239

第22章　**惊艳客户的决心**　242

找准市场　243
让客户眼前一亮　245
服务补救悖论　247
质量即流程（"3S 原则"）　248
简单明了　250
总结　251

运用本书提出的五项必备主技能　253

致谢　256

注释　259

领导者不是天生的,而是后天造就的。没有什么诀窍可言,不过是努力工作罢了。

——文森特·隆巴迪,
美国最著名的橄榄球教练

前言

THE MANAGER'S HANDBOOK

> 我们喝水之井非我们亲手所凿,我们取暖之火非我们亲手所生。
>
> ——H. 欧文·格鲁斯贝克
> (H. Irving Grousbeck,斯坦福大学创业研究中心创始人)

1963 年,关于将人类送上月球的可行性,美国科学界和政府内部掀起了一场讨论。当年,美国总统约翰·F. 肯尼迪在遇刺身亡前不久,曾在一场演讲中谈到这场讨论。肯尼迪引用了他所钟爱的爱尔兰作家弗兰克·奥康纳笔下的一则小故事。故事主人公是一名小男孩,他每天下午放学时都会路过一道高墙。小男孩仰望高墙,希望能有勇气翻过墙,抄近路回家。日复一日,春夏秋冬,就这样过去了。终于在一个春日,他走到高墙边,先将帽子扔了过去。就这样,他下定决心,费了九牛二虎之力翻了过去。肯尼迪总统总结道,只有抱着这样的心态,美国才能登上月球。

你下定决心要成为管理者和领导者,但要想成功,单凭决心还不够。这就是本书的意义所在:帮助你学习成功管理者的必备技能。下定决心翻越高墙是一码事,知道如何翻越又是另一码事。

身为教授,我经常被问到这样一个问题:"据说,在棒球场上打击率为0.300的击球手都是天生的,那企业家也是天生的吗,可以后天培养吗?"据我观察,领导的意愿或许不可教授,但领导者所需的技能是可以习得的。成功的领导者通常不会意气用事、刚愎自用、言过其实或浮夸炫耀。如果你选择走上领导之路,那么阻碍你成功的因素不在外部,关键在于你能否突破内心的藩篱。如果你想迅速掌握管理技能,那么捷径就是学习前人的知识,汲取前人的经验。通常,我将这些知识和经验称为"最佳实践"。如果你只能从本书学到一点,那就是请不要浪费宝贵的创造才能去"再发现"前人已经发现的领导真谛。

在掌握本书所述的管理技能后,你也要知道,身为管理者,自己正在做一件重要的事。领导者不仅推动组织前进,还影响个人发展。即使是当今最负盛名的领导者,最终也会隐入历史的烟尘,为后来人所淡忘。但他们曾触及的生命是实实在在的。在这个世界上,你留下的最重要的印记不是综合战略,不是总揽全局的政策,也不是大型会议上口若悬河的幻灯片演示讲解。相反,一些小事看似微不足道,实则意义重大,例如,鼓舞他人,在他人的职业生涯中提供帮助;恪守道德,保持正直,甘愿为此忍受不便和承受高昂代价。简言之,如果你是位好领导,你会对他人的生命产生积极影响。

如果你愿意的话,我觉得是时候将帽子扔到高墙那边了。你在追求领导力的过程中,既要内心柔软,又要头脑敏捷、目标坚定。祝你成功!

H. 欧文·格鲁斯贝克

引言　成事者的五项必备技能

THE MANAGER'S HANDBOOK

> 有愿景但不付诸行动，就是在白日做梦。
>
> ——比尔·盖茨，
> 美国企业家、微软公司创始人

我拥有经济学学士学位，曾供职于麦肯锡公司，后来又进入斯坦福大学精英如云的商学院深造，并获得工商管理硕士（MBA）学位。然而，从未有人向我教授过组织领导者必备的基本技能。我曾以为，经过以往的历练，我已经学会如何当好领导。但我在成立人生的第一家公司时赫然发现，现实并不尽如人意：我没有招聘的经验，没有组织管理层会议的经验，也没有制订薪酬计划的经验。尽管我参加过昂贵的商业培训，但没人教我如何有效委派工作、辞退员工、提供有用的反馈或制订年度经营计划，更不必说如何将这些事情做好了。这些才是要紧的工作。我发现，资历并不代表能力。

于是，我在工作中学习，进步缓慢，代价高昂。我在招聘时犯下大错，既浪费了资金，又浪费了团队和我个人的时间。这一路走来，我曾失去优秀的员工和有价值的客户。这些错误正是本书的灵感来源。

如今，我已为200多位企业家提供过支持，给数千名攻读工商管理硕士学位的学生上过课，其中有不少来自中国的留学生。我意识到自己的早期经历并非我或美国人所独有。我观察发现，与来自任何其他国家或文化的学生一样，中国留学生在运用这些主技能时也会显得力不从心。我必须找到更好的方法，帮助人们为成为领导者做好准备。我着迷于一种认知：卓越管理的关键并不在于具备远见，也不在于下一项伟大发明，而在于学会执行。简言之，就是要有成事的能力。

一种广为流传的理论认为，卓越领导者天生拥有领导才能或具备一系列独具特色的人格特质。我的研究否定了这种理论。本书写作之时，如果在谷歌上搜索"企业家的特征"，你会得到超过3.5亿条结果，其中大多数都是陈词滥调，比如富有创造力、充满热情、目标明确、足智多谋、专心致志。这些表述让人觉得，谈到当领导，会当就是会当，不会当就是不会当。

成熟的企业家和领导者们个性迥异。他们有的完全不擅长公众演讲，有的却能打动观众，令观众起立鼓掌。在我认识的企业家和领导者中，性格内向者和性格外向者数量相当。甚至有一些高效的领导者患有双相情感障碍。过去，人们认为只有符合特定标准，才能在管理上取得成功。如今，成功的楷模日益多样化，是时候摒弃这种过时的观念了。

在否定关于卓越领导者的"特质论"之后，我开始被一个挥之不去的问题困扰：为什么有些人比其他人更能成事？经过三年的观察和研究，我发现所有卓越的管理者有一个共性：他们掌握了五项技能。他们的人格特质各不相同，但对这些技能的掌握大同小异。这种情况普遍存在。无论是中国的马云、柳传志、董明珠，还是美国的比尔·盖茨，都掌握了这些技能。这一发现令我兴奋不已。这主要是因为，如果有效管理的关键在于一套技能，而非与生俱来的特质，那么几乎任何人都可能成为有效的领导者。

无论是在火箭发射领域还是在海底钻井领域，杰出管理者都拥有五个共同的技能特征，任何人都可以学习和运用，你也不例外。知道如何成事的人普遍掌握以下五项主技能：

技能1：不遗余力地组建团队

一天只有24小时，一周只有7天，任谁也改变不了。但是，为什么有人可以在这有限的时间里管理拥有数千名员工的组织？答案就是组建优秀的团队。斯坦福大学前教员吉姆·柯林斯仔细研究了组建团队的重要性。经过五年的研究，他得出结论：

> 那些建立了卓越组织的领导者首先将合适的人选请上车，并令他们各就各位，然后才考虑车子该往哪里开。他们总是先考虑人，再考虑事。[1]

组建这样的团队不需要超能力。从本质上说，组建团队就是按流程行事，不会比运用本书所述的一系列成熟技能复杂。无论你是管理一家书店还是制造电动汽车，万变不离其宗。

技能2：惜时"成癖"

大多数人都浪费了大把时光，白白牺牲宝贵的时间去追求对组织而言几乎毫无价值的东西。不过，单靠挤出更多时间是不够的。彻底改变组织所需的创造力和洞察力，很少在回复电子邮件和响应日常请求的间隙显现。你需要从低价值的事务性工作中解脱出来，将精力投入不间断的整块时间。对于什么重要、什么不重要，能成事的管理者始终保持清醒，从不受他人的优先级干扰。

不过，大多数时间管理解决方案要求人们大幅调整习惯和偏好，这就是这些方案几乎无法持久的原因。我们知道自己需要改变，我们承诺做出改变，但总是故态复萌。我们需要的是适度调整，在不明显改变当下日常生活的情况下，大幅提高我们所拥有的时间数量和时间质量。

技能 3：乐于寻求并听取建议

管理不仅在于快速找到答案，还在于找到正确答案。提供所有知识会带来自我满足感。但相比之下，更重要的是持续做出正确的决策。

我们在管理组织时面临的大多数问题都是老生常谈，他人成功解决的例子比比皆是。然而，太多人被自我所困，未能充分发挥自身潜力。他们担心寻求建议会显得自己软弱无能，可能还害怕被告知自己或许错了。

然而，最有自信的领导者不会这么想。对他们而言，寻求并接受建议是一种战略武器。他们招揽有经验、有模式识别能力且有时间的娴熟顾问提供坦率、直接的建议，他们还知道如何让这些顾问尽施其才。

技能 4：设定并坚持优先级

管理者面临的一大诱惑是，在组织内部设置相互矛盾的优先级，导致组织不堪重负。团队在不断变化的计划之间摇摆不定，进展甚微。在这种情况下，经验不足的领导者难免沮丧，纳闷为何下属"行动不够快"。这种领导者忽略了一点，即要把他的那些想法落地，需要招聘人员、购买设备、设计营销资料、构建控制系统和租赁场地，桩桩件件都需要时间。

在某一年的苹果全球开发者大会上，这家科技公司的创始人史蒂夫·乔布斯这样告诉观众："你必须说'不、不、不'，你在说'不'时，肯定会有人恼火。"他明白，构思比实施来得快。即使是苹果公司这样资源丰富的企业，也只能专注做好少数几件事。

技能 5：执着地追求卓越品质

请思考一个简单的问题：哪种竞争对手更可怕，是销售团队更出色的对手，还是产品质量更优的对手？毫无疑问，你最应该担心的是提供出色产品或服务的对手。当下，我们身处即时通信的世界，客户知道谁是修剪草坪最可靠的人选、市面上哪款大屏电视质量最好、哪种软件解决方案最值得信赖。组织不可能置身于如今的信息旋涡之外，提供优质产品的组织也不愿如此。

质量与美德无关，但与盈利息息相关。质量可以推动收入增长，提高定价能力，减少开支。因此，要想增加利润，追求卓越的质量是最简单、最具可持续性的方法。不过，要想提供出色的质量，关键并不在于喊口号或发表使命宣言，而在于运用一系列技能来准确判断客户想要什么和需要什么，了解具体措施如何在整个组织内得到贯彻，并依据先进的指标来做出正确的经营决策。

在确定成事者的这五项主技能后，我打消了按传统商业书籍模式写作的想法。这种书籍过于抽象，总是会抛出一些简评和理论，读者可能会觉得有所启发，但对下一步到底该怎么做，仍感茫然。我想写一本实用的操作手册,帮助成千上万的普通领导者和管理者更好地完成工作。

面对这个挑战,我开始思考大脑是如何掌握弹钢琴、绘画或打高尔夫球等技能的。我发现,我们开始会先学习一些子技能,然后将它们结合起来,以便掌握主技能。例如,在学习弹钢琴时,你要知道如何识谱,手指如何在88个黑白琴键上灵活移动,以及升半音和降半音之间有何区别。大部分人都能掌握这些子技能。弹奏《筷子》(*Chopsticks*)和保罗·麦卡特尼创作的《顺其自然》(*Let It Be*)的差异,正是体现在这些子技能上。鉴于此,本书将这五项主技能全部分解成一系列易于理解的子技能。学会这些子技能后,你就掌握了主技能。

我的最后一项挑战是如何呈现材料,方便读者在百忙中快速、轻松、有效地掌握这些技能。不久前,《哈佛商业评论》杂志编辑部给我发来一份材料,总共241页,主要是探讨组织一场成功的管理层会议需要哪些子技能。在我的书架上,单是与招聘所需子技能有关的书籍就有数十本之多。所有这些材料都不错,但我们大部分人时间有限,无法为了得到几十页实操内容而翻阅数千页资料。我对此深有体会,我记得自己在创业初期几乎忙碌到没时间吃饭。

我的目标不是在书中填塞一页页琐碎乏味的内容,而是尽可能以最有效的方式提供重要信息。所以,我在解释每项子技能时力求用词简洁、表达清晰,并在每章末尾总结全章主要内容。你可以将总结的内容当作这些技能的行动指南。正因如此,本书有些章节篇幅长,有些篇幅短。我不想把章节写得千篇一律,我知道读者没时间看这种书。这本《管理者手册:五步教你从组建团队到击败对手》不仅有阅读价值,还有实用价值。真希望在我第一次当经理时有人递给我这样一本书。

本书的独到之处在于，它先确定了经营组织机构所需的主技能，再将它们分解成一系列几乎人人都能掌握的子技能，并以适合忙碌人群阅读的形式呈现。

至此，我以为这本书大功告成。直到一天下午，我与朋友、哈佛大学教授迈克尔·波特聊天。当时，他读完了我的初稿，并委婉地告诉我，我的想法大错特错。迈克尔·波特著有19本关于领导力的书籍，全部都已译成中文，其中包括有关战略的开创性著作《竞争战略》。《财富》杂志这样评价波特教授："他影响的高管数量之多，全世界其他商学院教授无人能及。"所以，我知道自己应该重视他的意见。

波特教授告诉我，我的问题在于将这五项主技能简化成了一张列表。要想成就一番事业，人们必须认识到，这些子技能本质上是一套统一的体系。为了证明该观点，他列举了书中的一些子技能及其相互关系：为了制订有效的经营计划，管理者需要确定推动业务发展的关键绩效指标。为此，高效的管理者会组建团队，这就需要掌握招聘、入职适应和委派工作的技能。此外，管理者还需要召开有效会议，从而管理正在实施的经营计划，并与其导师和顾问一起检查实施质量。

波特教授的观点是，这五项主技能代表着执行的统一原则。他告诉我："了解竞争格局固然重要，但仅有做事的愿望还不够。如果领导者执行不到位，那即使是最佳战略也不会带来成功。"正因如此，他接着告诉我，不应将这五项主技能作为可单独选择的选项，它们只有在协同使用时才能发挥最大效果。否则，读者可能会挑选其中最简单易学的技能，对其他技能视而不见。波特教授认为，我要提供的不应是一份技能列表，而应是一套执行的统一理论。

本书是实操手册，面向真心希望能办成事的人。无论你是经营自己事业的企业家,是在成熟组织内部管理某部门的经理,还是管理一所中学的校长,本书都很实用。

最后,我想讲一讲美国著名棒球投手洛伊·哈勒戴,以及2010年5月29日他投出无安打比赛(又称"完投")那天的故事。完投是指在棒球比赛中,一名投手完成所有九局比赛,其间攻方球队没有任何击球手成功上垒:攻方击球手轮流上场总共27次,每次都被淘汰出局。投出完投是一项不小的成就。自1880年以来,棒球比赛史上总共只有23次完投,没有任何大联盟投手在职业生涯内做到超过一次。

读到这个故事时,令我诧异的并非哈勒戴那天在投手区上取得了怎样的成就,而是里奇·杜比教练在赛前陪他走过外场时说的那些话。杜比教练告诉哈勒戴:"上场后,拿出最佳状态。如果你在上场后拿出最佳状态,你就有机会成为伟大的球员。"

第一部分

THE MANAGER'S HANDBOOK

不遗余力地
组建团队

第1章

招聘：以结果为导向

> 千军易得，一将难求。
> ——中国谚语

苹果公司并未发明鼠标、图形界面和个人电脑，但成功运用这些技术发展为全球最具价值的企业之一，这得益于史蒂夫·乔布斯持续不断地严格挑选顶尖人才。他的领导方式将"先人后事"（First Who, Then What）原则体现得淋漓尽致，该原则出自商业专家吉姆·柯林斯的《从优秀到卓越》（*Good to Great*）一书。[1] 乔布斯明白，除非拥有能够完成任务的合适团队，否则关于下一项伟大发明（big thing）的想法纯属空谈。哈尔福德·E. 勒科克（Halford E. Luccock）是20世纪初期的一位卫理公会牧师，他曾说过："没人能够独自演奏交响乐，交响乐团才能演奏交响乐。"

然而，真正擅长招聘的管理者少之又少。一项有7000名招聘主管参与的研究表明，46%的新员工在入职后18个月内无法胜任工作，仅有19%"完全胜任"。[2] 你能接受公司的其他业务方面也是这样的结果吗？在中国，随着企业招募合格人才的难度持续升级，人才招聘形势越发严峻。《哈佛商业评论》数据显示，2006—2024年，面临招聘困境的企业比例从24%激增至69%，其中私营企业的人才年流失率甚至高达20%。㊀

所幸，以结果为导向进行招聘并不需要特殊的直觉或天赋。改善招聘效果始于在整个组织内采用标准化方法。标准化流程可以消除某些人员采用错误方法的风险，确保团队锚定最佳实践，并为流程改进创造条件。这种流程改进只能通过对通用流程的迭代来实现。[3]

一些人反对标准化，理由一般是它剥夺了招聘经理的灵活性。但是，以结果为导向的招聘流程并不影响任何人在做出最终决策时进行自主判断。相反，该流程可以提高所收集数据的质量，进而提升最终决策的准确性。

以结果为导向进行招聘行之有效。作为国际非营利组织Sanku LLC的联合创始人，我此前接连聘用了三位地区总监，但他们都没在这个岗位上待太久。随后，我督促Sanku采取本章将要介绍的这些步骤，并通过这些步骤成功招聘到了七位优秀的地区总监。如今，Sanku向数百万面临风险的家庭提供营养强化食品，这得益于它拥有一支顶尖团队。

关注结果，抛却直觉

在《陌生人效应》（*Talking to Strangers*）一书中，马尔科姆·格拉德威尔讲过一个故事。一个国家的领导想知道另一个国家的领导是

㊀ 资料来源：万宝盛华2010年和2024年的《全球人才短缺调查》。《中国式管理之道》，发表于《哈佛商业评论》，作者是托马斯·豪特、大卫·迈克尔。

怎样的人，于是专门乘飞机前去与这位领导会面。就像我们大多数人面试应聘者那样，坐飞机前去的领导想要看看对方的眼神、观察他的肢体语言，然后判断他在一个重要的全球问题上是否值得信任。[4]这位领导就是英国时任首相张伯伦，他在会面结束后这样评价希特勒：

> 他双手握住我的手，这是他表示特别友好的姿态……我已经有了一定的信心，这也是我希望见到的结果……我对他的印象是，他是个言出必行的人。

张伯伦鲁莽地依赖直观感受和好感度，对数据弃而不顾。格拉德威尔在描述希特勒与他人建立私人关系的能力时写道："那些看错希特勒的人都是曾与他长谈数小时的人。"他们中的许多人原本应该擅长识人，但却宁可相信直观感受也不相信数据和流程，"有些……中情局官员无法看透间谍，"格拉德威尔写道，"法官无法看透被告，首相无法看透对手。"温斯顿·丘吉尔与希特勒素未谋面，却对他做出了正确的评价，这主要是因为丘吉尔依据的是对这位总理行动的观察结果，而非他的举止。根据相关数据，丘吉尔形容希特勒为"邪恶的怪物，嗜血贪婪，不知餍足"，这个评价恰如其分。

要想了解以结果为导向的流程，你看看自己的招聘记录就一目了然了。我们从没听谁说过，他之所以想要提拔某位内部候选人，是因为"喜欢"这个人或这个人毕业于普林斯顿大学，当然更不是因为他握手的方式。正因如此，与从组织外部招聘不了解的人员相比，选择内部候选人的成功率会高出20%。[5]造成这种差异的原因在于，我们认识到过去的绩效是未来绩效的最佳单一指示信号，所以根据内部候选人过去的绩效来提拔他们。这就是招聘专家卢·阿德勒所说的"用心招聘"。我们相信内部候选人能够实现预期结果，所以愿意提拔他们。

制作招聘记分卡

一家卡车运输公司曾经请我协助招聘一名运营经理。在一份简历上,应聘者在写"*referral*"(意为"推荐人")一词时漏掉了一个"r"。招聘团队的一名成员建议不要让这名应聘者进入面试,因为拼写错误表明他不注重细节。但是,这家公司招聘的对象既不是文字编辑,也不是英语老师,而是能够指挥卡车车队,将毛利率提高5%,并领导蓝领工人的人。我询问招聘团队,如果这名应聘者能够极出色地完成这三件任务,那能否同意由这样一位拼写糟糕的人担任运营经理?你想必也猜到了,它聘用了这名拼错单词的应聘者。他在一年内就将毛利率提高了7%。有了这样的傲人成绩,没人再抱怨他依然很差的拼写能力。

不使用记分卡的招聘就是无的放矢,好比你先将箭射出去,箭落在哪里,就在哪里画上靶心,以此证明你的决策是对的。正确的做法应该是,你先确定预期结果,暂不考虑应聘者过去的经验。如果你要招聘销售副总裁,那你要找的不是拥有工商管理硕士学位或有10年销售经验的人,而是能增加收入的人。这就是经验和结果的区别。经验是指应聘者过去做了什么,而结果是指你聘用他们之后能够得到什么。我的朋友保罗·英格利希创立了包括旅游搜索平台客涯(Kayak)在内的几家企业,每一家都大获成功。他想要颠覆旅游业,但会有意识地避免聘用有旅游业从业经验的人,因为这种经验与他所寻求的结果毫无关联。

确定这个目标之后,你就不会害怕聘用那些没有相关经验,但准备承担更多责任的应聘者了。事实上,你更有可能青睐那些传统经验更少的人。卢·阿德勒这样写道:

我认为，最坏的情况莫过于聘用在同一行业对同类工作具有同质经验的人。虽然这种方法操作简单，逻辑合理，但会导致一直缺人才。那些愿意日复一日做相同工作的人没有进取心，不是最优秀的员工。[6]

招聘记分卡这个概念并不新鲜。我喜欢使用我在斯坦福大学的同事格雷厄姆·韦弗所建立的框架，该框架的第一部分就是预期结果列表。我以招聘销售副总裁为例。记分卡的第一部分可能如表1-1所示。

表1-1 招聘记分卡——结果1

结果
2年内将收入从3000万美元提高到5000万美元
1年内将新客户数量从20家增加到70家
将销售团队从1个增加到4个
打造富有创造力和责任感的文化

接下来，你要回答一个问题："我如何做出判断？"这个问题答案将构成你的招聘行动计划，这样你就可以有针对性地收集所需数据了（见表1-2）。

表1-2 招聘记分卡——结果2

结果	我如何做出判断
2年内将收入从3000万美元提高到5000万美元	过去达到销售目标的记录
1年内将新客户数量从20家增加到70家	成功扩大规模的经历
将销售团队从1个增加到4个	过去的招聘/培训记录
打造富有创造力和责任感的文化	过去管理的销售团队及完成的销售配额

不过，仅确定结果本身还不够。一份完整的记分卡还必须包含对应的特质，即某人达成结果可能凭据的原因（见表1-3）。特质与使用幻灯片或操作挖掘机等熟练技能不同。它是指人的品质、特征和特点。为了正确组合这些特质，可以使用一个小技巧：找出公司内部在相似职位上取得成功的人员，列出他们共同具有的特质。

表1-3　招聘记分卡——特质

特质	我如何做出判断
情商	面试中的自我意识
谦逊	有关成败的讨论
持续学习	投资自我
必胜的意志	完成销售配额和实现销售目标的记录
强大的领导力	吸引A级员工

强调特质而非技能，道理很简单：特质与生俱来，而技能可以教授。瑞·达利欧组建了投资史上极出色的一支团队，他表示："在确定聘用对象时，要更看重价值观和能力（即'特质'），而非技能。"

列入记分卡的特质不存在数量上的限制，但通常不超过五个。长长的列表看着令人安心，但对涉及数十项特质和结果的评估流程进行管理可谓不切实际，而且列表过长会导致我们不可避免地偏离检验"必备"品质的路径，回到依靠直觉而非明确的招聘流程的状态。

团队合作

东方有这样一则古老寓言，几个盲人摸一头大象，摸到腿的说大象像一根柱子，摸到身躯的说大象像一堵墙，摸到尾巴的说大象像一条蛇。因为大家摸到的部位不同，最后对大象的描述也不同。

如果多位面试官先独自面试应聘者，再碰头讨论他们所掌握的信息，就会出现这则寓言中的情况。每位面试官都提出自己感兴趣的问题并得到对应的一组答案，就像寓言中的盲人一样，他们在与其他面试官分享对这些信息的理解时，会以自己的数据集为依据。

采用这种面试方式，通常会把发言权赋予最资深、最具说服力或最强势的面试官。王华可能说，"我发现李红在谈到部门成绩时不太谦逊"。张艳虽然根据不同数据得出了不同结论，但她选择同意更资深的同事王华的判断。张艳和王华触摸到了大象的不同部位，并形成了不同的观点，她俩要达成一致，那张艳就必须听从王华的意见。

团队面试还有助于更好地倾听。一对一面试时，我们必须抽出部分注意力构思下一个问题或注意应聘者的反应。这难免会对我们倾听和观察的专注度造成影响。但在团队面试过程中，一名团队成员提问时，其他成员可以在没有这些干扰的情况下仔细观察应聘者。

不过，如果方法不当，团队面试可能会变得像失控的新闻发布会一样，所有面试官都向应聘者抛出问题，导致收集到的数据质量欠佳，同时面试官向应聘者提出的不相关的问题，也会使应聘者不知所措。为了避免出现这种情况，应指定一人作为主面试官，代表团队提出大部分问题。主面试官问完，应邀请面试团队其他成员提问，这样每个人都有机会提出他们可能想问的问题。如此一来，谁都不会想要打断面试或过早将问题转向。

团队合作面试还能加快面试进程。面试官以团队形式面试应聘者时，不会重复提问，这样面试时间可缩短一半左右。在如今的市场上，团队合作面试是一种招聘武器，因为速度往往是锁定一名优秀的新员工的决定性因素。

最后，明确说明，虽然团队成员人人都有发言权，但并非人人都有投票权。应事先确定如何做出最终决定，让所有参与者理解自己所扮演的角色，避免误将参与和影响面试理解为拥有招聘权。

系统化面试

我在职业生涯的早期，最喜欢使用的面试问题是：你在关上冰箱门之后，怎么知道里面的灯是否还亮着？当时，我告诉自己，这个问题可以帮助我判断应聘者的创造力。然而，我在判断一个人是否有能力达成我所招聘职位的预期结果时，这个问题并未提供任何有用信息。说实话，我只是想借机卖弄一下。这个问题不会产生价值。更糟糕的是，我还发现如果应聘者的巧思让我着迷，那我势必产生偏见。慢慢地，我学会了放弃所有狡猾的问题，开始采用系统化面试步骤。

步骤1：研究简历

查看简历时，从应聘者小学阶段的经历开始，按时间顺序了解。大多数高效率人员在年少时就会表现出一些重要特质，具体可能体现为课后做兼职、参加课外活动或赢得奖项。这些都是他们的生活轨迹。对所有人而言，人生的起点千差万别。如果应聘者的父亲或母亲失业，应聘者在放学后做兼职补贴家用，那这一经历或许能够反映其宝贵的特质。如果一名应聘者要靠上夜班才能挣够从一所知名度不高的大学毕业的学费，那么相比之下，身为家族第四代耶鲁大学毕业生、在康涅狄格州格林威治镇⊖的舒适氛围下长大的应聘者就会稍显逊色。

⊖ 格林威治镇是康涅狄格州最富有的小镇，也是美国最富有的小镇之一。——编者注

如果法律允许，你应该获取应聘者以往的工资信息，越早的越好。[7] 持续涨薪可以证明一个人业绩表现不错。虽然关于薪酬仍存偏见，但持续涨薪仍是表明个人对组织颇有价值的可靠指标。不过，凡事不要妄下定论。如果薪酬持平或下降，一定要向应聘者了解清楚原因。否则，你可能无法得知，应聘者之所以接受降薪，是为了带着生病的孩子搬到离特殊治疗项目所在地更近的住所，或者是为了获取股票权益。

如果简历中存在空档期，可以询问应聘者工作变动的具体月份。如果他不记得具体月份，那就问问从上一份工作离职到下一份工作入职之间的间隔时间。如果他以"我想休息一段时间，陪陪家人"之类的理由转移话题，那么你接下来就要这样提问："什么因素促使你在那个特定的时间决定休息？"答案可能反映出应聘者实际上是被公司劝退的，或者应聘者确实是主动离职，并在开始下一份工作之前仔细反思了自己的职业生涯。如果你不问，就不会知道这些信息。

对于应聘者最近的工作，可绘制组织结构图，其中应包含其当前职位，及之前的职位（如适用）。询问并记下应聘者以前的主管和下属的姓名、联系方式，方便后续开展背景调查。这样可以向应聘者表明，你打算与这些人沟通。这种方法也被称为背景调查威胁。通常，单靠背景调查威胁就能让应聘者有所收敛，在面试时减少夸夸其谈、添枝加叶。你想要聘用的对象（即"最佳人选"），他会乐于看到你与他的前同事交流。如果涉及保密问题，你要向他保证，会在联系任何人之前先跟他确认。

你在绘制组织结构图时，要记录应聘者供职或管理的部门的收入或预算。这些都是背景信息，方便后续提问，以及确定应聘者的职责范围随着时间的推移是在扩大还是在缩小。在招聘需要管理部门和组建新团队的主管时，要弄清楚应聘者以前聘用过谁，接替过谁，更换了多少团队成员及为何更换。还要让他给以前的下属排序。这些信息对后续面试颇有帮助,到时候你就可以提出这样的问题:你为什么辞退这名下属?这个人的什么特征打动了你,让你决定聘用他?这个人的评级是 C,你为什么还留他工作了 17 个月?

研究简历时,你要避免先入为主。在后续的招聘过程中,你也不要被先前的观点所束缚,陷入确认偏误(confirmation bias),即过分关注能证明你最初结论的证据。

步骤 2:加大沟通深度与缩小沟通范围

加大沟通深度与缩小沟通范围的第一步是询问可能对未来绩效有参考意义的一些场景等。你要避免使用假设场景或笼统的问题,例如,"你打算怎样管理下属?"(这种情况下,应聘者通常会揣测你想听到的答案,然后据此作答。)你要关注应聘者过去的实际行为,并利用这些数据来预测他未来拿到结果的能力。

下面,我们来看一个典型的面试交流:

问:您在 Sentech 软件公司表现出色,请问您是如何做到的?

答:我擅长激励员工发挥自身的最大潜力。优秀的管理就是招揽最优秀的人才,并让他们发挥最大潜力。

许多面试官会止步于此,转而去问其他问题。但是,这个回答并未提供任何实质性的内容,只能说明面对这个老套的问题,这名应聘者提供了事先准备好的答案。这时,面试官应加大沟通深度、缩小沟通范围。杰夫·斯玛特和兰迪·斯特里特合著了《聘谁:用 A 级招聘法找到最合适的人》(*Who: The A Method for Hiring*)一书。他们提出了指导加大沟通深度与缩小沟通范围的流程的简单框架，即："什么？如何？再跟我讲讲。"[8] 下面是该框架的使用示例：

> 问：关于你激励员工发挥最大潜力，有**什么**例子吗？这些激励行动是**如何**提高员工的潜力的？
>
> 答：去年，我接手了客户成功团队。当时，我们排名低，员工流失率高，团队士气低落。我解决了这个问题。
>
> 问：你具体是**如何**解决的？
>
> 答：我制订了新的奖励计划，公司采纳了我的计划。我还每周召开客户成功会议，庆祝胜利，解决问题。
>
> 问：**再跟我讲讲**。这个方法奏效吗？
>
> 答：我们的质量评分从负21分提高到正37分，员工流失率从70%下降到几乎为零。

请注意，这里只提出了三个结构化问题，便了解到这么多信息。加大沟通深度与缩小沟通范围还能揭露站不住脚的吹嘘。例如：

> 问：关于你利用自己的好胜心给公司带来好处，有**什么**例子吗？
>
> 答：我努力完成季度业绩。我在追求实现自己的目标时跟其他人一样好胜。
>
> 问：你是**如何**实现目标的？
>
> 答：三个季度前，我们差点完不成计划，于是我举办了几场竞赛。果然，我们实现了目标。
>
> 问：**再跟我讲讲**。与前一季度相比，你在那个季度举办了哪些新的竞赛？

答：就是普通的公司竞赛。按照规定，我们必须遵从公司规定，不能随意改变。

通过加大沟通深度与缩小沟通范围，我们了解到应聘者其实是在吹嘘（"我在追求实现自己的目标时跟其他人一样好胜"），他不过是执行了公司的普通项目。

斯玛特和斯特里特还建议参照三个基准来评估结果：跟以前比、跟计划比和跟同事比。根据该框架，如果应聘者表示其销售收入达到120万美元，那你就要询问前两年的销售收入是多少，与组织的计划相比结果如何，及与同事相比表现如何。

请注意，在加大沟通深度与缩小沟通范围的过程中，如果应聘者总是讲一些与问题毫不相干的故事，那么面试可能无法推进。这时，你要礼貌地请他围绕你的问题作答。如果你不愿打断他，无法专注于自己的提问焦点，那么你根本不可能在合理时间内收集到必要的数据。例如，你可以试着说：

我很高兴可以尽可能多地了解你，我希望你也能有时间问我一些问题。如果我改变了谈话的方向，那肯定是出于这个原因。

在对当下你想了解的结果或特质有了清晰认识之后，你就可以进入下一个主题了。如果面试考察的一项特质是出色的招聘能力，而你在面试的前五分钟已经知道应聘者曾遵循严格的招聘流程，成功将员工流失率减半，并且他招聘的几名员工后来得到了晋升，那么接下来你可以转而去了解其他可能需要更长时间来评估的特质，不要在已经了解清楚的问题上浪费时间。

步骤3：召集团队会议

留出约20分钟时间，告诉应聘者面试暂停，因为你要召集团队成员开个短会，确定是否还有遗漏的问题。在开会时，不要询问团队成员是否"喜欢这位应聘者"，避免任何试图得出结论的讨论。你开会的目的仅限于确定在应聘者离开之前是否还有需进一步了解的任何问题。

手持记分卡，询问面试团队的每位成员，他们是否有感兴趣但尚未提出的问题，是否发现任何矛盾之处，或是否有担忧，从而收集更多的数据。例如，如果有人担心应聘者对下属过于苛刻，那么你在会议结束后可以询问这位应聘者关于员工流失、最近几次下属离职以及绩效评估方面的问题。

提问之外，一定要给应聘者留出向你提问的时间。面试是双向选择，应聘者也需要对你进行考量。而且，通过关注他问什么、关心什么以及准备程度如何，你对他会有更多的了解。

面试结束后，再次召集团队成员开会，回顾收集到的数据，对照记分卡进行比较。这里要注意，面试团队要在面试结束后立即对应聘者展开讨论，因为面试时你做的笔记不可能完美，记忆也会迅速消逝。在讨论了解到的信息时，不要发表类似于招聘意见的言论。此时，你只须确定是否要进入招聘流程的下一环节，不必做出聘用决定。这种心态有助于防止你被现有观点束缚，从而影响后期的判断。如果有团队成员表达"我真的很喜欢她"或"我最看好他"等观点，那就重启讨论，只需确定是否有足够证据表明应聘者可以实现某些可能的结果以及具备某些特质，是否值得进一步了解。现在，你要做的是收集数据，而非得出结论。你在思考是否还要与应聘者继续接触时，应在信息被遗忘前写下希望在进一步面试中要实现的目标。

进一步面试

后续面试采用的是相同的结构,包括确定一名主面试官;允许团队成员在特定时刻提问;按照记分卡推进面试流程;加大沟通深度与缩小沟通范围;召集初步会议;提出附加问题;给应聘者留出提问时间;召集最终会议。

在进一步面试开始前,面试团队应回顾上次面试的笔记,就需要澄清的问题达成一致,并决定以何种方式消除任何尚未明确答复或澄清的问题或担忧。在面试过程中,不要对每位应聘者都采用相同的方法,因为面试是你对感兴趣的特定方面进行深入挖掘的好机会。例如,如果你觉得王伟的情商似乎比陈勇高,但又不太确定,那么为了判断陈勇的情商,你在下次面试时就应花更多时间问他一些问题。

考虑有选择地提前向应聘者提出问题。大多数的面试都过分强调随机应变的能力,但这种能力在工作环境中并不常用。在思维敏捷的应聘者和虑事周全且可能带来更好结果的应聘者之间,你可能会更青睐后者。通过提前向应聘者提出问题,你还可以评估应聘者的准备程度:对于你提前发送的问题,有的应聘者可能会带着笔记和工作成果示例来作答,而有的则可能临场作答。

为了准备有吸引力的录用通知书并说服对方加入,你一定要找准自己的竞争优势。你可以考虑像这样提问:

> 如果现任雇主在你提出辞职后希望你留下并主动提出加薪,那你会做何反应?
>
> 你现在是在全力求职,还是在审慎地寻找合适的机会?
>
> 你收到其他的录用通知书了吗,或者你正在等待其他录

用通知书吗？我们这个职位与那些职位相比，如何？

你为什么对我们这个职位感兴趣？

任何工作都不完美，如果可以的话，你会改变这份工作的哪些方面？

完成两轮面试后，请团队成员回答一个简单的问题："如果我是提前招聘，而非填补职位空缺，那么我是否应该聘用这位应聘者？还是再等一等，多面试几位？"随后，让大家展开对话，讨论整体的观察结果。

如果你不确定自己的结论是否正确，可以考虑邀请应聘者再来面试一轮，或者打个简短的电话来打消疑虑。不要仅仅因为你犹豫不决，就放弃一位应聘者。在大多数情况下，你之所以感到犹豫不决，是因为数据不充分。

背景调查

几年前，我的公司迎来跨地域扩张的关键时期，我需要一位高级管理人员。当时我面试了一位应聘者，叫他文森特吧。我在面试进行20分钟时就确定，他是这份工作的完美人选。在团队会议上，我们讨论当场向他发放录用通知书。我在职业生涯的那个阶段，已经聘用了十几位高级经理，我对自己的直觉很有信心，有信心到尽管知道文森特曾供职于一家我的朋友任董事长的公司，我也觉得没必要麻烦朋友做背景调查。我想抢在别人前面聘用文森特。你想必猜到了后面的故事：文森特根本不能胜任。事实证明，他不仅缺乏记分卡上的许多特质，并且在之前的职业生涯中也并未展现出我所招聘职位所需的拿到关键结果的能力。在这个故事中，我最不想承认的是，我后来遇到了那位董事长朋友。在我告诉他这件事之后，他说："你怎么不给我打电话？我肯定会让你别雇文森特。"

如果不做背景调查，你就无法做出明智的招聘决策。在面试过程中掌握的信息准确度有限，而背景调查往往是最丰富的数据来源。要想确定应聘者是否与你记分卡上的要求相匹配，亲眼见过应聘者工作的这些人最有资格评判。

不过，一个常见的错误是，将背景调查留到面试流程的最后阶段，即发放录用通知书之前。在这个阶段，你同样极易受到确认偏误的影响。斯坦福大学的一项研究表明，确认偏误最常见于以下三种情况：犯错的后果很严重；决策者已对某个决策投入了大量资源；出现情绪化问题。在严格的面试流程的最后阶段，所有这三种情况都会出现，这意味着你倾向于听到你想听的。《选聘精英5步法》中有这样一段话：

> 通过背景调查，你可以得到你想要的任何答案。如果你不愿持开放心态，固执己见，那么即使联系应聘者的推荐人，都是在浪费时间。[9]

此外，我们通常会在背景调查中得到想要的答案。这是因为在认知偏见"观察者期望效应"的作用下，我们会在不知不觉间操控问题，以获得想要的结果。例如，你可能会这样提问：

> 我们打算聘请李娜担任运营副总裁，我们觉得她棒极了。不过，我想跟您确认一下，据您所知，应该不存在什么可能让我们放弃聘用她的事情吧。有什么我们需要知道的严重问题吗？

像这样提问，你最有可能得到你想要的答案，从而避免听到任何可能阻止你聘用李娜的内容。这时，你不是在收集数据，而是在祈祷得到确认。这让我想起作家约翰·斯坦贝克曾说过一句话："没人需要建议，人们只需要认可。"

防范观察者期望效应的最佳办法是在你尚未确定聘用对象时完成背景调查。你在犹豫不定，不知该聘用哪位应聘者时，就会征求批判性的反馈，因为你的目的并非认可一位应聘者，而是淘汰一些应聘者。所以，你会问一些尖锐的问题，寻找有助于决定谁将被淘汰的数据。

大多数人都不想给别人获得新工作的机会带来负面影响，所以你要创造最理想的环境，让推荐人保持客观，理性分析。为了让推荐人指出应聘者的不足之处，谈话的重点不应是应聘者是否能力出色和非常优秀，更不是他是不是个好人，而应是为他确定下一步最佳职业发展路径：

> 我们对靖宇很感兴趣，想看看她是否适合我们这个职位。靖宇完全有能力出色地完成工作，但为了她好，我们都不希望她因我们的意见而选错工作，所以在保密的前提下，我可以问您一些问题吗？

接下来，你要像面试时一样严格，加大沟通深度，缩小沟通范围，提出"什么？如何？再跟我讲讲"及"跟以前比、跟计划比和跟同事比"这类问题。和应聘者的推荐人沟通时，你要讲究方法，就像面试应聘者那样，不要让推荐人用笼统的说法和假设性的回答来回避问题。推荐人提供的笼统的说法和假设性的回答与应聘者提供的信息一样，没有太大用处。

态度友善

当今世界，网络信息即时流动，礼貌、专业地对待包括被淘汰者在内的所有应聘者变得比以前更加重要。最近，一名大学毕业生跟我讲了一个故事。他进入了一场招聘的终面环节。面试时，招聘经理不仅迟到了20分钟，还在这名毕业生讲话时查看电子邮件。第二天，这名毕业生便将自己的经历发布在了美国企业点评和职位搜索平台Glassdoor上，提醒其他人注意。我的朋友保罗·英格利希这样要求他的招聘团队：

> 永远不要迟到，哪怕只有两分钟。永远不要打断面试，哪怕美国总统打来电话。用行动向应聘者表明，你当下的工作就是跟他们见面，他们是你名单上最重要的人选。

对保罗而言，要想招聘到优秀员工，需要全员参与：

> 问问应聘者是否需要苏打水或其他饮料。永远不要让应聘者独自坐在沙发上等待某人去跟他们接触。如果你看到有人独坐（无聊），跟他打个招呼，聊聊天，让他活跃起来。这样可以赢得明星应聘者的青睐，并让所有应聘者高度评价与我们接触的经历。

总结

有的应聘者经验丰富，能够马上胜任工作；有的缺乏经验，但具备一些特质，干久了也能胜任。这时，往往需在这两种应聘者之间进行权衡。格雷厄姆·韦弗向我介绍了一个简单框架，来帮助我更好地权衡（见图1-1）。

根据具体情况，这两条线相交，可能需要几个月，也可能需要几年。格雷厄姆并不认为存在唯一的正确答案。他的观点是，权衡的重点应从抽象概念转向具体时间范围。尽可能准确地估计这两条线将于何时相交，并据此画出线条。预估的结果肯定称不上完美，但会比你头脑中反复出现的概念性想法要好得多。这些假设肯定能够帮助你在特定情况下做出更好的决策。

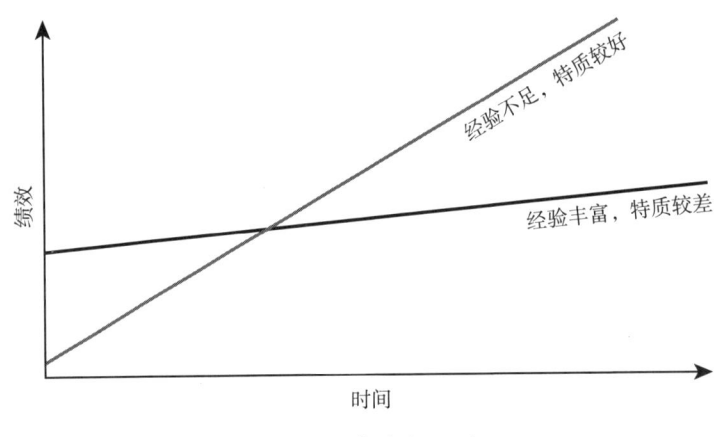

图 1-1　特质与经验

招聘：以结果为导向

1. 招聘应基于数据，而非直觉、好感度或直观感受。
2. 根据列明预期结果和所需特质的记分卡进行招聘，然后制定"我如何做出判断"的策略。
3. 招聘是一项团队活动。

4. 建立流程：

    a. 面试团队一起面试，从而建立唯一数据集。

    b. 为了确保招聘有序进行，指定一名"主"面试官。

    c. 在应聘者离开前召集团队成员开会，并确定任何需要澄清的方面。

    d. 团队成员在每次面试结束后立即开会，重点讨论数据，而非好感度。

5. 研究简历：

    a. 按时间顺序查看简历，了解应聘者的职业发展历程。

    b. 询问应聘者取得过哪些成就，从早年经历开始讲起。

    c. 询问每份工作的起止时间。

    d. 了解产生任何工作空档期的原因。

    e. 讨论每次换工作的原因。

    f. 如果条件允许的话，记下每份工作最初和最终的薪酬。

    g. 对应每个职责范围，记下应聘者的预算规模、公司收入和员工数量。

6. 面试时采用"加大沟通深度与缩小沟通范围"的技巧：

    a. 请应聘者回答：什么？如何？再跟我讲讲。

    b. 将其业绩与以前的、计划的和同事的业绩进行比较。

    c. 请记住："过去绩效是未来绩效的最佳单项指标。"

7. 考虑在面试前向应聘者提出一些问题，这种做法的好处在于，应聘者可以提前思考和准备。

8. 背景调查：

    a. 就应聘者的上两个职位，绘制组织结构图，其中应包含其同事的姓名和联系方式。

b.背景调查应在你尚未确定聘用对象时开展，不应以寻求对选定应聘者的认可为目的。

9.态度友善。

最先提出的十个面试问题

1. 我觉得你好胜心很强。你能否举例说明，你利用好胜心给公司带来了好处？
2. 你能否举例说明，你因某事受到批评，且这个批评完全合理？
3. 你能否举例说明你受到的不公正的指责？
4. 你能否举例说明，（自己某方面的性格）对工作造成了不利影响？
5. 请描述一下你未能完成目标的经历。
6. 你曾说你在招聘时看重应聘者先前陈述的某项品质。你能否具体谈谈，为了确定你的应聘者是否具备这些品质，你会提出哪些问题？
7. 过去两年，你直接参与招聘了多少人？你现在认为其中有多少人是A级员工？
8. 请举例说明你在招聘时犯过的错误，你得到了什么教训，随后对招聘流程做了哪些改变？
9. 假设你正在对自己进行绩效评估，要求注意提出具体、可执行的建议。那么明年你最重要的两项发展挑战是什么？
10. 你有什么问题想问吗？

提前提供给应聘者的十个问题 ⊖

1. 过去一年，什么事情最让你感到自豪？
2. 如果可以的话，你会改变当前工作的哪些方面？
3. 请描述你全身心投入任务的一次经历。
4. 我们希望在明年完成目标。请谈谈你在完成目标这方面取得的最重要的成就。
5. 请告诉我一些简历上未提供，但你希望我知晓的事情。
6. 请描述你在工作中不同意某项决策的一次经历。
7. 请举例说明你在过去六个月内完成的，特别让你引以为傲的一件事（比如完成演示文稿、写作样稿），请务必删去任何机密信息。
8. 请描述一个你绝不想再面对的工作情况。
9. 你现在的公司要怎么做才能取得更大成功？
10. 到目前为止，谁是你最喜欢的上司，为什么？

背景调查时提出的十个问题

1. 您在该组织担任什么职位？您与应聘者如何互动？
2. 应聘者的表现在同事中排名如何？
3. 这个排名体现了他在行动上有哪些与众不同之处呢？您能举例说明吗？
4. 我们假设您正在对应聘者进行年度考核。对他而言，最重要的两个发展机会是什么？

⊖ 需要应聘者提前思考和准备的问题。

5. 您能否举例说明，这些发展机会对他的绩效有何影响？
6. 应聘者在怎样的环境下工作表现最好？例如，我在（个人陈述）下表现最好。
7. （应聘者）的绩效是如何评估的，他在实现目标/遵守预算计划方面表现如何？
8. （回答问题2和问题7后）什么因素阻碍了这位应聘者进入最高层？您能否举例说明？
9. 与前年相比，应聘者去年表现如何？
10. 他在前年对公司绩效有何贡献？

第 2 章

100 天窗口期

> 最伟大的领袖不见得是成就最伟大事业的人,而是激励他人成就最伟大事业的人。
>
> ——罗纳德·里根,美国第 40 任总统

近十年来,奥古斯托·阿尔瓦雷斯在墨西哥经营一家金融服务公司。为了加速公司在墨西哥的扩张,阿尔瓦雷斯与合作伙伴聘用了经验丰富的埃克托尔·奥乔亚,[1] 他们希望奥乔亚能带领公司完成这项任务。确定聘用奥乔亚前,这两位合作伙伴已经寻觅了数月,他俩终于松了一口气。自奥乔亚上任第一天起,他俩便将所有相关职责交给奥乔亚。"我们最不想做的事就是对奥乔亚进行微观管理,"阿尔瓦雷斯当时想,"他才是专家。"

问题是,奥乔亚自上任的第一天起就肩负着所有经营职责,但

对公司文化、不成文的规范和日常经营管理活动一无所知。阿尔瓦雷斯对奥乔亚采取绝不干涉的态度，这为奥乔亚的失败埋下了伏笔。尽管奥乔亚的资历无可挑剔，但上任仅 6 个月便被阿尔瓦雷斯要求辞职了。

要想成功招聘，你在新员工入职后适职期必须保持警觉，与新员工进行清晰的沟通并向他提供支持，这与面试或背景调查同等重要。据《哈佛商业评论》报道，新员工在入职后 18 个月内不能胜任工作的比例为 40% 至 60%。[2] 这与新员工未能适应新公司有密切关系。现在我们知道，与未经入职后适职流程的新员工相比，经历结构化入职后适职流程的新员工三年后留在公司的可能性高出近三分之二。[3] 招聘耗时费力，恰当的入职后适职流程能够为投入的时间带来可观的回报。

新工作的头 100 天

无论是做墨西哥卷饼、焊管道，还是管理软件开发团队，对任何一个新员工而言，新工作的头 100 天总是充满不安和尴尬。每个组织都有不同的标准、规范和预期，新的团队成员需要时间来理解和学习这些内容。

不过，大部分不安会在入职 100 天后消失。在新员工逐渐熟悉工作内容和新环境之后，惯性便产生了。[4] 他们知道笔记本电脑要是死机了该给谁打电话，知道停车的最佳位置，知道回家路上有哪家杂货店。他们已经弄清楚新健康计划的运作方式。

100 天窗口期也是建立友谊的时间。大部分人在初到新公司时不认识任何人，但许多主要社会需求都是在工作中得到满足的，因此这种情况特别令人不安。耶鲁大学管理学院的研究表明，拥有深厚职场友谊的团队成员更健康、更快乐，并且对工作明显更投入。[5] 现在这一点越发重要，因为与年长的同事相比，Z 世代和千禧一代拥有职场友谊的比例最大，[6] 但新冠疫情发生后，远程工作模式兴起，职场友谊一度岌岌可危。

所有这些都很重要，因为舒适的日常状态、职场友谊和对工作场所的熟悉程度是员工选择留在公司的主要原因。据《华尔街日报》报道，在整个 100 天窗口期内切实有效执行入职后适职流程的公司表示，其员工流动率下降了至少 35%。[7]

100 天窗口期战略

当然，和阿尔瓦雷斯一样，你渴望新员工创造奇迹。同时，新员工通常也渴望能大显身手。新员工可能会担心别人认为他应该在入职第一天就知道所有答案，所以不愿寻求帮助，尤其是在结交朋友、学习职场规范或接受专业培训方面。不过，别着急，慢慢来。你的组织在这名新员工加入前已经成功挺过了数周甚至数月。你可以试着帮助新员工完成过渡。

如今，美国整个企业界都开始意识到 100 天窗口期的重要性。这一意识正逐渐传到亚洲。为了做好新员工入职后适职工作，拥有 5.8 万名员工的开利公司设计了为期 3 个月的"伙伴"项目，安排一名新员工与一名经验丰富的团队成员组成搭档。西维斯健康公司（CVS Health）非常关注 100 天窗口期，为入职满 3 个月的新员工提供奖励。西维斯认为，公司在帮助新员工克服入职头 100 天的焦虑后，就更有可能长期留住他们。玛丽萨·安德拉达是奇波雷墨西哥烧烤公司（Chipotle）的首席人才官，她在接受《华尔街日报》采访时表示："事实上，如果新员工干满了三个月，那么他们至少会在这里工作一年。"[8] 中国平安保险集团在新员工入职初期采用多项举措来提升其留存率，使留存达 13 个月的保险代理人占比提高至 95%，从而有效应对巨大的人才需求压力。[一] 正因如此，奇波雷公司实施了新的轮班计划，明晰了福利解释，并改善了针对操作程序的前期培训，最终大幅降低了员工流动率。

首先，你要以有意义的方式欢迎新员工的加入。将欢迎新员工视为一件大事，而非只是需要从待办事项列表上划掉的一个任务。我的朋友埃米·埃里特是染发及护发产品美容企业麦迪逊·里德公司（Madison Reed）的首席执行官。她告诉我，她会在每周三公司全员参与的午餐会上介绍新团队成员。过去三年，她这家公司的收入增加了两倍，由此可见，留住优秀员工对公司增长至关重要。麦迪逊·里德公司规模庞大，午餐会采用远程聚会方式。新员工的视频背景里会有气球，这样大家就知道谁在那一周加入了公司。招聘经理会先以有趣的方式介绍新员工（而非干瘪地叙述其履历），接着请新员工说出跟自己相关的"两个真相和一个谎言"。全公司先投票决定哪个是谎言，随后由新员工宣布正确答案。这样一来，在新员工入职的第一周，所有员工就都知道他的姓名和一些相关信息了。老员工如果在食堂看到新员工，也知道不能让新团队成员独自用餐。

在麦迪逊·里德公司，埃米并未选择相信每位经理都能将事情做好，而是建立了"我们这样欢迎新员工"的企业文化，用制度将流程固定下来，并创建了有助于公司每年隆重介绍数百名员工的各种体系。

不过，欢迎仅仅是开始。你需要制定新员工与其他团队成员共进

[一] 资料来源：《为你的组织打造未来竞争力》，发表于《哈佛商业评论》，作者是迈克尔·曼金斯、埃里克·加顿、丹·施瓦茨。

午餐甚至晚餐的时间表。如果可以的话，还应邀请客户和供应商等外部人员参与。这些关系应在整个100天窗口期内搭建完成，所以不要将相关活动全部塞进第一周，可以花三到四周的时间完成。

在聘用新的管理者后，先别让下属立即向他们直接汇报。阿尔瓦雷斯聘用奥乔亚，正是犯了这样的错误。在将任何经营职责交给新管理者之前，给他们约一周的时间熟悉组织内部环境，这样他们就有机会认识其他部门的人员，并与职能范围外的客户和供应商会面。例如，新上任的主管可能会利用这段时间拜访客户，观察仓库作业情况，并观看产品的制造过程。将经营职责交给新管理者，要注意循序渐进，最好每隔一两周增加一个直接汇报的事项。

与此同时，规定任何培训新员工都必须参与，并明确说明入职培训和其他培训都属优先事项，不可取消或推迟。培训内容包括公司文化、价值观和规范。所有培训都是在巧妙地告诉新员工：这是我们的行动方式，也是我们办成事的方式。在解释公司文化、价值观和规范时，要避免陈词滥调或笼统的说法，例如，"我们的文化是保持完全透明"或"我们秉持客户至上的准则！"新员工想知道的是一些具体细节，例如，大家下班后是否还有社交活动，会议如何进行，上司到底是一个怎样的人。不要让新员工猜测或被迫推测言外之意，直接告诉他们相关信息。

提供明确的支持

在新员工开始承担经营职责的头三周，你要定期与他单独开会。在这些会议中，你应检查并确保入职后适职活动正在按流程推动，培训和午餐会没有被取消。

在你觉得时机成熟，可以将任务交给新员工时，可以使用第十二章讨论的子技能制定结果列表，借以向他传达你的预期。例如，假设我们聘请张丽担任新的财务主管。我们可能会先制定第一季度要完成的结果列表。

- 更换应付账款经理。
- 提出新的健康保险计划。
- 将逾期应收款减少一半。
- 每月 10 号之前完成财务结账工作。
- 协商新车购置的合同。
- 制定涉及全公司的采购政策。
- 实现员工费用报销流程自动化。

这份列表太长了，张丽注定无法完成。你要做的是控制自己的预期，从那些能够让她学习到工作相关基础知识的任务或急需解决的任务开始。以更换应付账款经理为例。如前一章所述，真正意义上的招聘需要投入大量时间。无论如何，你都需要在张丽开始评估应聘者之前向她介绍你的招聘流程。所以，这项任务可以推迟。其次，谁会在乎过时的费用报销流程是否又沿用了一个月呢？这项任务也可以推迟。然而，健康保险计划到了续签的时间，所以必须做出决定。另外，如果等太久，张丽将永远无法收回逾期的应收账款。

- ~~更换应付账款经理。~~
- 研究并提出新的健康保险计划。
- 将逾期 120 天以上的应收账款减少一半。
- 每月 10 号之前完成财务结账工作。

- ~~协商新车购置的合同。~~
- ~~制定涉及全公司的采购政策。~~
- ~~实现员工费用报销流程自动化。~~

这种权衡并没有你想象的那么困难，因为做加法总比做减法容易。如果你较为保守，那你后期可以给张丽增加一些任务。但是，在将任务交给她，并且她已经着手推进之后，你就很难再取消任务了。遗漏优先级靠后的事项没有什么后果，但如果在制定结果列表时野心过大，则可能会压垮新招聘的优秀员工，继而失去他。

建立警觉流程

无论你多么擅长运用做好招聘工作的子技能，招聘流程都不可能完美。你可能会在招聘时犯错。在新员工入职后的头几周，通过在工作环境而非面试的人工设定环境中进行观察，你对他们的了解会比在整个招聘流程内获得的了解还要多。

建立警觉流程至关重要，因为如果新招聘的优秀员工开局不利，那你挽救他的最佳机会就是在100天窗口期内。这时，你会面临可怕的确认偏误，它会影响你做出正确的决策。谁都不愿承认自己在招聘上犯了错误，尤其是承认就意味着要辞退某人，然后重新开始招聘流程。因此，只是心里想着要保持客观是不够的。要想解决这个问题，必须建立警觉流程。

首先，在应聘者接受工作机会后，赶紧写下促使你做出招聘决策的关键假设。应聘者的什么品质让你对他感兴趣？你发现应聘者有何缺点或你有何担忧？应把这些假设写成简短的陈述句，并引用支持性证据和你的招聘记分卡。在 100 天窗口期内，积极寻找证实或证伪这些关键假设的任何数据。例如，根据新员工在面试流程中的表现，你担心他会对下属粗鲁无礼，那么为了检验这种担忧，你可以谨慎地与其下属沟通，注意他们谈论新上司时的非言语暗示。

随后，你要与原招聘团队（不包括新员工的直属下属）一起，在 30 天这个时间点和 100 天窗口期这个结束点设置特定的检查项。这些检查项是警觉流程的关键所在。非正式谈话不能代替流程。在这两个时间点召开的检查项会议上，大声念出招聘记分卡上的内容和你在招聘时写下的关键假设。参会的每名成员都要做好发言准备。你要询问所有人几个问题：①新员工是否符合或超越了这些假设，超越了多少，以及是如何超越的。②如果可能的话，他们想要改变这个员工的哪些方面。金无足赤，人无完人。所有人都必须发表意见，没有例外。③最后，请团队成员投票表态，如果这名员工提出辞职，他们是会感到松了一口气，或是无所谓，抑或非常难过。

你可能想要快速确认这些问题的答案。请不要这样做。如果你以结果为导向进行招聘，那你很有可能招聘到极出色的员工。不过，谁都不可能达到 100% 的招聘成功率。虽然招聘到不合适的人员情有可原，但花几个月时间才发现并承认错误则是领导力不足的表现。

意识到自己在招聘上犯了错误时，你可能不愿迅速采取行动，而是想给新员工充分的机会证明自己。你要知道，拖延无法避开的事对他们毫无益处。他们应该在能够让其大放异彩的公司和职位上工作。同时，你如果迅速承认错误，就能减小他们寻找下一份工作的阻力：他们可能会将前面这几周称为试用期，甚至可能不会在简历上提到你的公司。从你的私人角度出发，你在果断做出决定后还可以快速重启招聘过程，联系面试成绩排名第二或第三的应聘者，他们或许仍可到岗。

总结

我发现，管理者在运用适职子技能时，最常犯的错误是指望团队新成员自行管理入职后适职流程的步调和落实情况。能力有所欠缺的管理者会忽视100天窗口期，将压力转嫁到新员工身上，等他们自己主动表示不堪重负或要求放慢工作速度。不过，这种方法很少奏效。在同事或主管组织开展的培训课程被取消时，新员工不可能主动报告此事。在精心安排的午餐会被取消时也是如此。如果你过早给他们太多负担，他们可能会迟迟不敢表达想要放弃的想法或对流程的担忧。

为了充分利用100天窗口期，招聘经理必须自己观察，亲自抓计划的执行。虽然这需要投入额外的时间，但可以实现新员工的平稳过渡、更快发现招聘错误和降低员工流动率，回报还是很丰厚的。

> ### 100天窗口期
>
> 1. 将欢迎新员工视为一件大事，而非只是需要从待办事项列表上划掉的一个任务。
> 2. 用制度将流程固定下来，以便在整个组织内得到贯彻执行。
> 3. 制订计划，让新员工与对他成功至关重要的人士社交或用餐。
> 4. 解释公司的政策、程序、福利和其他行政管理行为。
> 5. 解释公司文化、价值观和规范的关键要素。
> 6. 管理者应向新员工逐步转交直接汇报事项和部门职责。
> 7. 为新员工提供熟悉组织环境、观察其他部门和结识他人的时间。

8. 做加法总比做减法容易。在安排任务时不要太激进。
9. 直接与新员工沟通，确保培训计划未被取消或推迟。
10. 保持警觉。在 30 天这个时间点和 100 天窗口期这个结束点设置特定的检查项，确保你做出了正确的招聘决策：
    a. 重新召集原招聘团队开会（不包括新员工的直属下属）。
    b. 大声念出招聘记分卡上的内容和招聘的关键假设。
    c. 提出三个问题：
        i. 新员工是否符合或超越了招聘的关键假设？
        ii. 如果可能的话，你将改变这个人的哪些方面？
        iii. 如果这名员工提出辞职，你是会感到松了一口气，或是无所谓，抑或非常难过？

第 3 章

即时绩效反馈

> 一年树谷,十年树木,百年树人。
>
> ——中国谚语

史蒂夫·鲍尔默在担任微软首席执行官时,曾开展过名为"员工排名"(stack ranking)的人员评估项目。每个业务部门每年给员工打分,从高到低排名。"员工排名"被认为是微软内部实施的危害极大的一项流程。[1] 一名开发人员曾表示:"如果你所在的团队有十个人,那么你从加入那天起就知道,无论大家多么优秀,始终会有两人得到好评,七人得到中评,还有一人得到差评。"通用电气公司也有类似的制度,被称为"末尾淘汰制"(rank and yank),排名靠后的 10% 的员工将面临被劝退或解雇。

据《哈佛商业评论》报道,微软和通用电气采用了一种有两千年历史之久的陈旧反馈手段,这种手段"既不能提高员工的参与度,也不能提高其绩效"。² 这些过于系统化的方法让公司领导者以为自己已经履行了指导职责，但实际上并未提供多少有用的反馈。这些领导者的员工也有同感。在参与调查的员工中，只有 14% 的人非常赞同这些绩效评估方法有助于他们提高。

传统的绩效评估之所以不起作用，原因在于我们不善于根据严格标准来给彼此打分。我们很难用数字或"符合预期"等标签来概括一个人的工作。每年只进行一两次评估的做法也会受到近因偏差的影响，即事情发生的时间越近，我们就会认为它再次发生的概率更高。如果陈秀英和刘杰全年展现出的工作能力相当，但刘杰在评估期前不久刚完成本年度最出色的工作，而陈秀英在年初取得了多次成功，那么在大多数情况下，即使陈秀英才是明星员工，人们还是会认为刘杰表现更好。按照微软或通用电气以前的评估系统，这可能会导致严重后果。

幸好，这种每年一两次定期审查的老方法正在迅速改变。国际咨询公司埃森哲等组织已开始采用即时绩效反馈（instant performance feedback，IPF）。截至本书撰写之时，埃森哲拥有 70 多万名员工。南佩德自 2011 年开始担任埃森哲的首席执行官，直到 2019 年因个人健康问题离任。他表示："我们不再采用著名的年度绩效评估方法。按照这种评估方法，我每年只能向你反馈一次我对你的看法。"他接着说道："人们想要的是持续反馈，他们想知道'我做得对吗？我的方向正确吗？你觉得我在进步吗？'"³ 员工们也同意该观点。他们选择即时绩效反馈的概率是选择年度或半年度反馈的五倍以上。⁴ 例如，在 Adobe 公司取消针对两万多名员工的年度考核程序时，数百名员工发帖支持放弃旧的考核体系，采用即时绩效反馈。

即时绩效反馈优于年度考核

我在第 1 章中介绍过保罗·英格利希，他曾将自己的公司出售给财捷集团，而后进入该集团工作。他跟我讲过他在财捷工作期间的一个故事。在财捷开发出包括 TurboTax 和 QuickBooks 在内的畅销产品时，保罗已出任技术副总裁一职。当时，他尚未创办客涯。与许多处于职业生涯早期阶段的领导者一样，他很难给出负面或直率的反馈。这种情况一直存在，直到他亲身体会到即时绩效反馈的价值：

> 我当时正与（甲骨文公司的首席执行官）拉里·埃里森开会，埃里森有意收购财捷的一项业务。结果，会议进展不符合预期。会议结束后，在穿过甲骨文公司的停车场时，我的上司对我说："保罗，你有时间吗？我想给你一些反馈。"他在停车场告诉我，我对埃里森的一个问题没有做出有效的回答，然后解释了原因。

就在那一刻，保罗亲自见证了最出色的管理者是如何时刻寻找适合提供指导的时机的。如果他的上司过几天再跟他沟通，那他恐怕已经忘记很多会议细节，更不必说从评价中受益了。中国美妆品牌林清轩更进一步，通过技术手段为购物顾问提供即时绩效反馈。这些即时评估数据会同步至团队成员，并被纳入绩效反馈体系，最终影响薪酬决策。㊀另外，保罗的上司也会忘记有可能对保罗有帮助的细节。保罗和其他高效管理者认识到，无论是正面反馈还是负面反馈，都要在事

㊀ 资料来源：《中国企业如何重塑管理》，发表于《哈佛商业评论》，作者是马克·格里文、忻蓉、叶恩华。

件发生后尽快提供才最有效。不要等到充满"官僚气"的半年反馈才表达自己的想法。如果是有价值的反馈，那就值得立刻提供。

绝对坦率

安迪·邓恩是服装公司 Bonobos 的联合创始人，这家公司最终以超过三亿美元的价格被沃尔玛收购。一天，我请安迪担任我班上的嘉宾。那天吃晚餐时，我们讨论了如何有效提供反馈。安迪拿出手机跟我说："给你看点东西。"那是金·斯科特绘制的一幅图（见图3-1）。斯科特是《绝对坦率：一种新的管理哲学》（*Radical Candor：How to Get What You Want By Saying What You Mean*）一书的作者。[5]

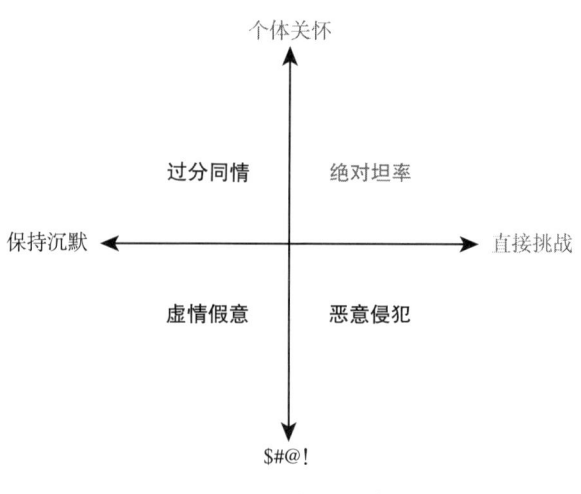

图 3-1　绝对坦率

在斯科特确定的这个框架上，横轴表示人们直接挑战的意愿，纵轴则表示他们的个体关怀能力。斯科特发现，大多数人要么误以为委婉表达是善良的表现，所以不愿提供持续、优质的指导，要么就是出于斯科特称为"过分同情"的心态,回避可能令当事人尴尬、不快的问题。在过分同情的驱使下,我们在提供反馈时会淡化问题的严重程度,只给出一些无关痛痒的评价。这样我们不仅可以避免麻烦,还会自我感觉良好,但团队将受到不利影响。

对于如何提供优质反馈,斯科特的办法将个体关怀和直接挑战相结合。如果处理得当,这种方法非常有效。我们都不想伤害他人,并且希望被他人喜欢,绝对坦率与这种本能背道而驰。不过,在提供反馈时言辞过于委婉绝非善良的表现,而且领导者的目标不应是被喜欢。斯科特这样写道:"过分同情就是你看到某人裤子的拉链没拉好,但为了不让他尴尬,决定什么都不说,结果更多人看到他拉链没拉好。"[6]

同时,过分同情还减少了对方改进的机会,而且人们都善于发现他人的不诚恳,因此过分同情会让人无法确定自己到底处于怎样的位置。我和安迪都承认,我们在职业生涯的早期阶段都犯过"过分同情"常见的一种错误:使用"三明治反馈法"。[7] "三明治反馈法"就是,无端以表扬开场,为真正想说的话做铺垫,接着提供重要反馈,最后再说一些宽慰的话,减轻这些反馈的影响。在保罗·英格利希的例子中,如果他的上司采用"三明治反馈法",那他可能会这样说:

> 保罗,我们跟甲骨文公司的会面很愉快,我喜欢你的风格。不过,你可以试着始终尽可能坦率地回答问题,你在大多数情况下都挺坦率的。我很高兴你能加入我们的团队!

要想在你的组织内实现绝对坦率,最好是先花几个月时间征求别人对你的绝对坦率的意见。换言之,请你的团队给你提供反馈。斯科特写道:"在批评别人之前,先证明自己能够承受批评。"要求团队成员经常提供反馈,让他们习以为常。你难免会听到他人基于过分同情的反馈或得到"三明治反馈法"那样的反馈，这时要求他们绝对坦率，重新措辞，或者先为他们打个样。

在绝对坦率成为企业文化根深蒂固的一部分后，下一步是绝对坦率地对下属提供正面反馈。这时，你要喊出他们的姓名，让他们知道你在做什么：

> 伊罗，我想绝对坦率地跟你聊聊。你刚才提交的报告完全符合我们的要求。我特别喜欢你坦率地指出我们销售部所面临的挑战，尤其是你说……

在证明你自己可以接受绝对坦率后，立即向员工展示接受批判性反馈的最佳方式，随后先绝对坦率地提供正面反馈，然后逐渐转变为既提供正面反馈，也提供批判性反馈。你每次都要喊出他们的姓名，让他们知道你在做什么：

> 安雅，我想绝对坦率地给你一些反馈。你开会总迟到，这是个问题，因为……

在前三个月，正面反馈应是负面反馈的两倍，但不要将这种做法与"三明治反馈法"混为一谈。通过实施即时绩效反馈和绝对坦率，你肯定能够顺利过渡到有意义的反馈流程。

即时绩效反馈的六部分框架

在我第一次担任首席执行官时，我的财务主管总是在当月结束后60多天才提交该月财务报告。我拿到报告后要么什么都不说，要么用"三明治反馈法"掩饰担忧。她一直没能达到我的预期，我每次都会再给她一个"三明治"。这种情况一直没有好转，最后我只能将她辞退。我的这种做法对她和公司都造成了伤害。随着我在管理岗位上走向成熟，我开始制定由六个部分组成的框架，形成提供反馈的指导方针，确保定期提供有效的即时绩效反馈（见图3-2）：

> 预期→标准→反馈→
> 障碍→支持→协商一致

图 3-2 即时绩效反馈框架

如果我对前面提到的那位财务主管使用该框架，而非抱着可能会让她丢掉工作的过分同情心态，我或许会说：

> 我需要及时将财务报告交给管理团队，这样我们才能使用财务信息做出经营决策（**预期**）。如果没有特殊情况，我要求你在次月15号之前提交（**标准**）。过去两个月，我们分别在当月结束后55天和47天才完成结算（**反馈**）。哪些问题导致你在次月15号之前无法提交财务报表？（**障碍**）

可以想象，她随后会表示销售副总裁未能及时提供信息（**障碍**）。根据这些信息，我或许会说：

> 我会跟杨军商量，确保他在每月5号之前将上个月销售佣金的信息提供给你。这个问题我来解决（**支持**）。

她可能还会表示，她需要在收齐所有的供应商发票后再结账。在这种情况下，我或许会说：

> 对于供应商发票，如果他们在每月10号之后才提供，

我同意将这部分发票放到下个月的财务报告中（**支持**）。

先找出合理的障碍，再寻找解决方案，为最后一步协商一致奠定基础。达成一致和协商一致之间存在很大的区别。领导者要想有效进行管理，就应仔细倾听，但不必对选择达成共识。有时，你必须做出与团队成员意见相悖的决策。例如，如果我的财务主管认为最好等到收齐供应商发票后再提交财务报告，我可能会告诉她：

> 我理解你的立场，也理解你的观点。但是，我已经决定选择采用其他方式。现在，我想要知道的是，你会同意这个计划吧（**协商一致**）。

在提供反馈时，你要想办法让反馈符合对方的最大利益。例如，如果改变行为，他们将更容易得到晋升，销售更多产品并赚取更高佣金，或降低员工流动率，进而提高所在地区的业绩。他们越是觉得改变对自己有利，就越有可能做出改变。

总结

米特·罗姆尼曾竞选美国总统，后成为美国联邦参议院议员。但在此之前，他曾作为私募股权公司贝恩资本的联合创始人，带领公司经历辉煌，为投资人创造了超过 100% 的年收益率。[8] 我有幸请他担任我一家公司的投资人兼董事会成员。我记得在一次谈话中，他描述了贝恩资本战略的一个基本原则：在前景最好的投资项目上投入时间，控制在前景黯淡的投资项目上投入的时间。他特意跟我讲了一笔投资："（这笔投资的）结果是我们要么赔掉所有钱，要么顶多能收回投资本金。但我们有些投资项目的回报可能达到三倍到十倍不等，这些才是我们应该花费时间和精力的项目。"

你的团队也应该如此。大多数领导者忽视了明星员工或有潜力成为明星员工的人员，将注意力集中在最没潜力的人员身上。他们将指导视为解决问题的流程，而非尽可能提高绩效的流程。即时绩效反馈不仅能够让你的明星员工脱颖而出，还能够提高他们留在公司的可能性。自述在工作中未得到充分认可的员工在次年离职的概率是其他员工的三倍。[9]

如果投入时间为明星员工提供即时绩效反馈，那你所得到的回报将超过对其他所有非明星员工提供即时绩效反馈所带来的综合回报。重点关注明星员工，利用即时绩效反馈制度帮助优秀团队成员走向卓越，并向最出色的员工提供符合其预期的指导，以降低他们因未得到指导而离职的风险。

即时绩效反馈

1. 用即时绩效反馈取代定期考核。
2. 不要进行数字评级，不要贴标签。
3. 详述你希望加强或避免的具体行为，而非笼统地评价员工。
4. 留意"适合提供指导的时机"，并在可行情况下尽快提供即时绩效反馈（包括正面和负面反馈）。
5. 使用即时绩效反馈框架的六个部分确定规则和限制（见图3-2）。
6. 斯科特提出的绝对坦率包括个体关怀和直接挑战。要实现绝对坦率，可采取以下五个步骤：
   第一，你先花几个月时间征求别人对你的绝对坦率的意见。

第二，对直接下属只提供正面的绝对坦率的反馈。

第三，绝对坦率地既提供正面反馈，又提供批判性反馈。

第四，对直接下属全面实施绝对坦率的反馈。

第五，将这些步骤推广到组织的各个层级。

7. 不要在反馈过程中偷懒并采用"三明治反馈法"。
8. 在构思反馈时，想想为何反馈对对方重要，以及为何接受反馈符合对方最大利益。
9. 主要关注明星员工，将大部分时间用于指导团队优秀成员走向卓越。

第 4 章

全方位考核法

> 批评或许令人心生不快,但我们的生活离不开批评。它就像身体的疼痛一样,是为了提醒人们注意事物的不健康状态。
>
> ——温斯顿·丘吉尔爵士,
> 英国前首相

向同事和下属寻求反馈的想法可以追溯到第一次世界大战,最早由美军提出,[1]目的是了解士兵是否为晋升做好了准备。随着时间的推移,采用这种方法的组织越来越多。如今,这种方法被称为"全方位考核法"或"360度考核法"。这个名称源于该方法背后的理念:在考核时,向与考核对象有互动的所有人寻求反馈,即组织结构图上显示的上级、下级和平级同事。全方位考核法在美国的应用十分成功,该方法在中国的普及度虽不及美国，但其应用范围正在逐渐扩大，尤其受到中国新成立企业和在华跨国公司的青睐。

在《哈佛商业评论》上发表的一篇文章中，撰文的两位专家将全方位考核法比作全球定位系统（GPS）：就像需要发射多颗卫星才能获得准确的位置信息一样，经理、同事和直接下属的多方反馈有助于你了解自身效率。[2] 如果执行得当，全方位考核法将产生极大价值。有效利用全方位考核法的公司不仅能够更好地招募和留住最优秀的员工，还能更好地培养人才，从而发展为更高效、更有竞争力的组织。

请考核对象的同事和下属发表评价确实是有效的管理手段，但这个流程会给考核对象带来巨大的心理压力。倘若执行不当，甚至可能导致毁灭性的后果。我在斯坦福大学任教时讲过这样一个案例。有一名经理名叫托尼，在他接受考核时，他的三名同事提交了评价。[3] 按照该组织的流程，这些匿名评价被一字不差地提供给了托尼：

> 托尼的合作能力很差。他的情绪阴晴不定，有时很高兴，但不一会儿又会生气。总之，跟托尼一起工作并不愉快。
>
> 托尼将集体荣誉据为己有。我们营销团队有好几个人，但他总是喋喋不休地谈论自己完成的所有工作。那我们其他人呢？
>
> 他从不给我们反馈，一直我行我素。我不知道自己的工作做得好不好。

托尼在看完这些评价后感到局促不安，因为他不知道是谁说了这些话。他觉得自己失去了团队的信任，难免感到尴尬和痛苦。最后，托尼辞职了。这个流程非但没能提升考核对象的绩效，反而为员工提供了匿名宣泄怨气的途径，让前者感到自己不受欢迎、不受喜爱。托尼本身确实有提升的空间，但这些问题可以通过指导来解决。他原本可以在团队中长期干下去并取得成功。然而，这种伤害的影响是持久的。

当今世界，市场竞争激烈，全方位考核是强大的战略武器。所幸，我们可以通过几个简单步骤运用全方位考核的子技能，避免与托尼类似的遭遇。

缓慢启动，稳步推行

正确地实施全方位考核流程可能需要两年之久。在第一阶段，先只对自己进行一次全方位考核。向团队说明考核的基本原理、反馈的提交流程、保密规则及反馈信息的使用方式。该流程本身简单易行，你可以通过电子邮件来实施，可以选择众多相关应用程序或软件中的一款来实施，也可以聘请外部供应商并在其管理下实施。

首先，只对自己进行全方位考核。你要告诉团队成员，该流程采用保密规则，大家可以表达真实想法、畅所欲言，并且流程中不存在为了赢得青睐而提供正面反馈的诱惑。无论你解释得多么清楚，都不要指望员工立即相信你的保密承诺，或相信向上级提供坦率的反馈不会存在任何风险。你必须努力杜绝泄密情况的发生，从而证明该流程值得信赖。提醒团队成员，他们应绝对坦率地回答问题，但不应借机匿名发表恶意侵犯他人的评价。

随后，向全公司公布你的全方位考核结果，主动树立正确应对正面和负面反馈的榜样。在这个过程中，你会发现一些令人痛苦的信息，因此要做好心理准备。我的团队给我的第一项反馈是，他们觉得我冷血无情。虽然这件事已经过去了30多年，但我至今仍对当时那种尴尬记忆犹新。不过，你这次的任务不仅仅是为了得到有用的反馈（尽管你会得到），更重要的是展示全方位考核的全部流程和为团队树立榜样。这意味着你必须特别小心地处理反馈，即使你发现自己有着冷血无情的名声。

几个月后，以你的直接下属为对象开展第二轮全方位考核。对同一批人不断重复该流程，直到实际反馈达到了你的预期效果。在你自己和你的直接下属都能够很好地接受和回应全方位考核数据之后，才能将该流程推广到公司的下一个组织层级。在提出该流程后，你要密切关注你的直属下级经理如何在其部门内实施该流程，以免他们破坏你小心翼翼奠定的基础。

与全面推广相比，逐层开展的流程进度相对缓慢，你可能总想要加快进程。但是，欲速则不达。仓促地大范围开展全方位考核不仅会严重损害士气和信任感（就像托尼的案例那样），还可能导致该计划以后完全无法实施。

收集信息

你在谷歌上搜索"全方位考核最佳问题"，会得到超过5亿条结果，其中大部分都很笼统，包括强制要求按第1名到第5名排序，或按"完全不同意"到"完全同意"的区间评级。不过，全方位考核与即时绩效反馈相似，排名和笼统地比较都不太可行。对于同一个人，两名员工可能给出不同的评级，因为他们对"展现出强大领导力"的理解存在差异，或者对"卓越领导才能"的4.0分和5.0分等级有不同的臆断。这一现象在中国文化中比较常见。员工出于谦逊往往给出低于实际水平的自我评分，而主管为避免冲突则倾向于抬高下属得分。

为解决中美两国均存在的这个问题，应重点关注本组织的优先事项，而非排名和数字。例如，假设一个组织要优先满足快速交付，那么有效的全方位考核问题可能是这样的：

> 在日常工作中，这个人对实现快速交付的目标的贡献有多大？请具体举例说明。

请注意，有时也可能会这么问，即"这个人对……的目标是否有所贡献"，此时受访者可以回答"是"或"否"。与之前那个问题的答案相比，这种回答所包含的可执行的详细信息要少得多。通过询问"这个人对……目标的贡献有多大"，受访者不得不详细描述，这样既能更好地反映出考核对象的独特贡献，又能提供影响此人未来绩效的更有效的数据。

在设计问题时，务必简单易懂，避免使用最新的商业术语（例如，"完全透明""核心竞争力""枢纽"），因为社会上可能尚未对这些术语的理解达成共识。问题数量应限制在 7 个以内。如果问卷冗长，受访者分配给每个问题的时间将减少，最后你只能得到他们在匆忙间提供的答案。涵盖几个探索性和开放性问题一共只需 15 到 20 分钟就能回答完毕，这样设计的问卷效果最好。

"三 C"原则

全方位考核流程不是让人们想说什么就说什么，想怎么说就怎么说。你要求员工填写问卷的目的是让他们提供反馈，从而促使考核对象改变自身行为，而非让员工借机发泄情绪或抱怨无法解决的问题。然而，尽管你抱有这样的愿望，一些团队成员还是会借此发泄情绪或抱怨。因此，要想让全方位考核流程正常发挥作用，你需要运用"三 C"原则。

- 整理（Curate）反馈。
- 制订（Create）个人成长计划。
- 完成（Close）闭环。

整理反馈

首先，删除不会促使考核对象显著改变行为的负面评价。"托尼的合作能力很差"可能是事实，但我们无法根据这个评价采取可执行的措施。相反，托尼可以解决"他从不给我们反馈"这个问题。整理反馈可以消除占据情感空间并对重要的发展问题造成干扰的琐碎抱怨。在整理时遵循一个简单原则：如果我们无法根据某个评价采取可执行的措施，那就忽略这个评价。

对主题进行概括性总结，不要提供未经处理的评价。如果反馈内容措辞不当，你或其他经理可以（也应该）进行改写。这样还能提高保密程度，因为直接做出的评价更容易追溯其来源，往往会导致考核对象猜测谁说了什么话。随后，对一些需优先处理、能够采取可执行措施的主题进行总结。例如，在托尼的案例中，考虑那些相互关联且能够概括为单个主题的评价：

> 托尼将集体荣誉据为己有。我们营销团队有好几个人，但他总是喋喋不休地谈论自己完成的所有工作。那我们其他人呢？
>
> 他从不给我们反馈，一直我行我素。我不知道自己的工作做得好不好。

你不必根据字面意思全盘接受所有评价。在整理过程中，你可以与填写问卷的人进一步沟通，确认他给出的某条评价是否别人也提到了，这种做法颇有好处。例如，一位总裁请我对他开展全方位考核，要求他的直接下属提供反馈。一位副总裁表示："他对业务根本就不上心。"对于这项深层次的反馈，我觉得无法采取可执行的措施，所以决定进一步与这位副总裁沟通。我了解到，他之所以感到担忧，是因为虽然总裁承诺召开公司季度会议，但事实上每年只召开两到三次。

我核实了这种担忧，因为其他人也同样对此感到失望，他们觉得随着季度会议被取消，一些工作的优先级降低了。我没有直接使用无法采取可执行措施的情绪化评价（"他对业务根本就不上心"），而是将评价整理成了可执行、已验证、实用的全方位反馈。

制订个人成长计划

我将有关员工对取消季度会议的反馈意见转达给了这位总裁，他赞同这些评价，并表示会注意改善。但是，"改善"并非行动计划，而且我怀疑他是故意取消那些会议的。所以，他面临的障碍仍然存在。于是，我利用了即时绩效反馈框架中的要素（见图4-1）：

> 预期→标准→反馈→
> 障碍→支持→协商一致

图 4-1　成长计划框架

到这一步，全方位考核的预期、标准和反馈环节已经完成，所以我把时间花在了了解他为何没有召开会议上（障碍）。他的理由是自己忘记了开会，还有工作太繁忙或其他事情、项目打乱了计划，结果很难腾出时间。我们一致认为，这些障碍不会自行消失。因此，他原先提出的方法"改善"不太可能成功。

考虑到这一点，我们共同制订了计划，将每个季度的第一个星期四定为公司季度会议日。这样就解决了日程安排问题。随后，我们安排了他的助理负责会议的后勤、沟通和茶点准备。最后，我告诉他，我会在自己的日历上做标记，并在前两次季度会议结束后给他发送邮件，询问进展如何（支持）。他同意了这个计划（协商一致）。不出所料，得益于我们制订的个人成长计划，他再未取消过季度会议。该行动还带来了一个特殊好处：他的团队建立了对全方位考核流程的信心。随着他在整个公司推广全方位考核流程，这种信心会创造一个良性循环。

完成闭环

一项有4000名员工参与的研究发现，"当员工觉得自己的诉求未被倾听或自身需求未得到满足时，他们在工作场所充分施展才能和运用经验的可能性较低——到其他组织寻找机会的可能性较高"。[4] 人们虽然渴望被倾听，但通常不会对考核对象做出改变抱有过高期望。平级同事和下属的诉求不可能全都对组织有益，全方位考核也不能被视为提出要求、为他人制订提升计划或设定组织优先级的工具。

因此，在征求反馈后，你与受访者的沟通必须完成闭环。如果你打算采取行动，那你要让受访者知道你的计划。即使你什么都不打算改变，也要让他们知道。

要想完成闭环，请遵循我从斯坦福大学教员、成功企业家吉姆·埃利斯那里学到的四部分框架：

第一："我得到的反馈是……"
第二："下面是一些无法改变的事情，原因是……"
第三："我承认存在这些问题，但没办法解决，除非……"
第四："我计划立即这样做……"

在完成闭环后，务必建立自我提升而非道歉的文化。关键在于，你在树立正确应对全方位考核反馈结果的榜样时，不要忏悔、辩护或道歉，例如，不要说"我为自己的行为感到万分抱歉"。全方位考核不是一种奖惩活动，而是人人参与的持续的自我提升过程。如果你想实现成果最大化，那就应该建立共同提高而非寻找错误的文化。这并不是说领导者永远不能道歉，只是在全方位考核流程中，道歉会弱化这项计划的主要目的。

不过，如果团队成员对你的评价是"冷血无情"，那么虽然你不应道歉，但可以借此机会展现自己充满人情味的一面，强化改进的意愿，并帮助将全方位考核流程打造成意在促进共同提高的计划。例如：

> 那些反馈读起来很伤人，我必须承认自己大受打击。但是，我跟一些私人顾问还有我妻子交流了这些问题，我越是反思自己有时的反应，越是意识到自己确实需要努力改进这个方面。我很感谢你们让我注意到了这一点。我计划这样做……

全方位考核流程不会自动完成闭环，你必须亲力亲为，流程的完整性事关整个组织。在执行全方位考核流程变成团队的 DNA 之前，你必须亲自确保组织始终切实遵循"三 C"原则，包括检查下级经理们的反馈整理工作、个人成长计划的制订情况，并见证早期完成的闭环。

总结

在刚出任经理时，我没有采用全方位考核法。我跟自己说，我知道自己需要什么信息，并且我们的组织规模不大，所有人都可以开诚布公地交谈。我觉得全方位考核法与团体疗法类似，并且无法通过该流程获取关键数据以提高自身竞争力。回忆往昔，我觉得自己当时是对人们可能给出的反馈感到畏惧。如果你也有这样的情绪，请别走我的老路，试一试这种考核方法。我回避采用全方位考核法，因而错失了建立持久团队的强大工具。

全方位考核法

1. 缓慢启动，稳步推行。实施可能耗时两年之久。
2. 不要进行数字评级，不要贴标签。
3. 重点关注公司的具体优先事项。精心设计问题，避免可以用"是"或"否"来回答的问题。
4. 限制问题数量，提出可在15到20分钟内回答完毕的几个探索性和开放性问题。
5. 按照以下步骤和顺序执行：

   第一，对自己进行全方位考核。

   第二，在全公司范围内公布结果，并树立正确回应反馈的榜样。

   第三，对直接下属进行全方位考核。

   第四，在该层级成功实施全方位考核后，将该流程推广到组织的下一个层级。
6. 在收到反馈结果后，遵循"三C"原则。

   a. 整理反馈，删除任何恶意侵犯他人的评价，并对主题进行概括性总结。

   b. 制订个人成长计划，解决障碍、提供支持并就相关问题协商一致。

   c. 从四个方面完成闭环。

"我得到的反馈是……"

"下面是一些无法改变的事情,原因是……"

"我承认存在这些问题,但没办法解决,除非……"

"我计划立即这样做……"

7. 建立自我提升而非道歉的文化。

全方位考核问题的十个示例

1. (具体人名)对我们公司的文化(特定文化属性)有何贡献?
2. (具体人名)可以在他对我们文化(特定文化属性)贡献的基础上继续改进、提升?
3. (具体人名)对(具体年度)公司目标的实现有何贡献?
4. 如果你是(具体人名)的主管,要为(具体人名)提出明年的发展目标,你会提出什么目标?
5. (具体人名)如何帮助你实现职业目标?
6. 如果朋友问你如何描述(具体人名)的职业角色,你会如何作答?
7. 你会因为(具体人名)而更愿意或更不愿意留在(公司)吗,为什么?
8. (具体人名)如何设定并坚持公司的优先事项?
9. 如果一位朋友要为(或与)(具体人名)工作,那么为了尽可能地提高朋友与他(具体人名)融洽相处的可能性,你有何建议?
10. 如果(具体人名)被调到公司的另一个职位,你想要追随他吗,为什么?如果你不愿意,什么原因使你决定留在现职?

第5章

指导表现不佳人员

> 语言是神圣的,值得我们尊重。如果我们找到正确的语言,并按正确的顺序表述,那我们就能稍稍改变世界的轨迹。
>
> ——汤姆·斯托帕德,
> 英国剧作家

我的团队里曾有这样一名成员,他待人严苛的习惯与我们的文化格格不入,这个问题让他感到困扰。我原本可以说他与我们的文化不符,没什么用处,并辞退他。但我知道,倘若我能解决这个问题,那对公司将更有利。除了上面这个问题外,他在其他方面的表现非常出色,而且在竞争激烈的招聘市场上,这个职位很难找到合适的人选。但是,我需要一个框架来确定他的问题是否可以通过指导来解决。如果可以,那我又该如何使成功的可能性最大化。

尽管有明确证据表明，许多表现不佳的人员可在接受指导后取得成功，但很少有管理者和公司知道如何指导。令人难以置信的是，40%的美国公司表示，如果再给它们一次机会，那它们不会雇用现有的大部分或全部人员。然而，与此同时，它们又不愿解决人员表现不佳的问题！[1]

就刚才提到的那名成员而言，按照本章将要介绍的流程，我相信困扰他的问题十分严重，不会自动消失。但是，他的问题是可以通过指导来解决的。本章不涉及可以使用即时绩效反馈来解决的偶尔犯下的错误或策略调整问题，而主要探讨如何有效地指导那些表现不佳且问题非常严重的团队成员，这些问题如果再不解决，将引发他们是否有资格继续留在组织中的质疑。

四步流程

通常，指导表现不佳人员算不上十万火急的事情。因此，我们会推迟这种不愉快的对抗情境，而结果往往使情况变得更加极端、更加难以解决。我们编造故事，声称只要给点时间，问题就会自动解决。但是，这种情况在现实生活中极为罕见。为了避免推迟指导，可以每年按照以下四个肯定能成功的步骤对团队进行两次评估。

第一步，将团队成员分为 A 级、B 级或 C 级，并在组织结构图上做记录。我曾举例反对强制排名，现在这种人员排名方式似乎与我列举的案例相冲突。但是，两者之间的区别在于，我并未预先确定 A 级、B 级和 C 级员工的数量。

这一步不可操之过急。要有意识地对员工进行分类，A 级表示有 90% 的可能性拿到前 10% 成果的人员。B 级表示具备成为 A 级员工的潜力或胜任不必由 A 级员工担任的职位的人员。[2] C 级表示经常无法达到预期或在对其成功至关重要的领域遇到困难的员工。

　　人天生就有这样一种倾向，会根据与某个人的私交来降低或提高给他设的标准。就人类大脑而言，左脑在思维过程中负责有条理地分析，右脑则注重直觉。所以，在确定人员分类时，首先用左脑进行思考，并尽可能多地依靠客观评价。运用在第 1 章中学习到的技能，寻找与特定结果或特质相关的成功或失败的证据。

　　第二步，运用右脑带给你的直觉协助判断。在该步骤中，想象这样的场景，你标记为 B 级或 C 级的团队成员找到了不错的工作机会，来到你的办公室提出辞职。这时，你无须经历辞退某人的尴尬。在这种情况下，你的直觉感受是松了一口气，或是无所谓，抑或非常难过？

　　第三步，以"三年后……"作为开始，按照你的预期勾勒出未来的组织结构图，[3] 其中要包括员工姓名和头衔。看看未来谁将在你的组织内发挥作用。在你想象的最佳团队中，这个人三年后还会与你共事吗，还是说他不过是满足你当前需求的人选？

　　第四步，问问你自己："如果我是在填补职位空缺，那根据我现在掌握的信息，我会以高出应聘者当前工资 1/4 的薪酬聘用他出任这个职位吗？"

　　回答这四个问题大约需要半小时时间，每年应回答两次。如果可以有条不紊地执行该流程，你就能确定哪些人需要重点保住和培养，哪些人存在需要解决的根本性问题了。

是否有指导价值

　　接下来，你要判断这名员工是否有指导价值。我记得，我以前的一名学生曾在面临更换销售总监的抉择时与我交流。她说她听过一种说法:"在你考虑解雇某人的时候,就已经太迟了。"我不同意。在你考虑撤换某人的成本和风险时,更务实的解决之法是尝试对他进行指导,帮助他胜任工作。不过,前提是这名员工有指导价值。

我问了她一个问题:"这名销售总监需要改变哪些行为才能成为A级员工?"她回答到,他必须"大幅提升"招募、聘用和留住销售人员的能力。我说"这种说法太笼统",敦促她具体描述她希望销售总监在招聘程序中改变哪些行为。她回答不上来,我让她在找到答案以后再来与我讨论。

最终,她制作了一份列表,其中的许多步骤都与以结果为导向进行招聘相关,例如,这名销售总监未开展背景调查或执行正式的入职后适职流程。据我所知,她从未在之前的任何反馈中与这名销售总监讨论过这些事情。

通常,人的行为可分为三类:知识型行为、技能型行为和特质型行为。一名不了解现行税法的财务主管存在知识型问题;财务建模能力薄弱的财务主管存在技能型问题;与他人合作不畅的财务主管则存在特质型问题。重要的是对这些差异进行识别,因为知识型和技能型问题通常可在接受指导后得到改善,但智力、雄心、态度、信任和情商等特质型问题则不然。

如果你发现一名员工存在特质型问题,那你面临的是一场硬仗。所幸,你几乎总能通过下面五个问题来判断某人的特质型问题是否可以通过指导来解决。[4]

> 他是否承认问题的存在?
> 他是否主动提出了解决办法?
> 他是否有后悔的表现?

他是否愿意为了解决问题而妥协？

他的基本价值观是否与组织相符？

为了做出判断，你要与他交谈，交谈内容中要涉及这些问题，然后带着强烈的好奇心倾听。这时还没到指导、说服或帮助他改变的时候。你眼下的任务是收集数据，判断他是否值得指导，因此，你要做的主要是倾听。

道德过失与特质型问题不是一码事，不要因某人有一次过失就放弃他。我从 H. 欧文·格鲁斯贝克那里学到了一句话，请你也谨记在心："你犯过的最大错误只是你过去的一部分，不代表你的本性。"我们都说过不光彩的话，做过不光彩的事。问题是，这个人的行为是表明了他的本性、代表他的行为模式，还是异常举动？如果是异常举动，那就不要批评和惩罚他，而要帮助他回归正途。这不仅能为你带来满足感，还能更好地展示你善良的品质。

提升计划

在确定了人员表现不佳的方面，并判断这些问题可通过指导来改善后，就可采用即时绩效反馈的核心概念（见图 5-1）。

预期→标准→反馈→
障碍→支持→协商一致

图 5-1　成长计划框架

如果情况较为严重，那你可能会忍不住想要用笼统的语言来描述一个人，而非重点说明你希望他改变的具体行为。在上文我的学生的例子中，她没有对那位销售总监说："你必须大幅提升招募、聘用和留住销售人员的能力。"毫无疑问，这么说几乎不会奏效。相反，她选择了一个技能领域，例如，入职后适职，接着花时间帮助他掌握子技能。你不必在一天之内重建罗马。如果表现不佳的员工成功克服了第一个挑战，并表示愿意继续学习，那就接着改变你希望改善的第二个行为。

员工正处于能否保住工作的关键时刻，所以你必须制订书面提升计划。不过，这不是在为最终解雇他铺路。如果你公司的文化让员工认为，公司之所以制订书面提升计划，不过是在为日后解雇准备材料，那几乎没人能有所改变并胜任工作。提升计划必须是真正意义上的努力通过指导帮助员工胜任工作。根据我的亲身经历，在收到书面提升计划的员工中，有三分之二的人成功实现了提升，并继续留在组织里，其中不少人还得到了晋升。

我们时常回避制订书面提升计划，因为这种做法可能会让事态看上去比较严重，但这正是书面提升计划的价值所在。不愿制订书面提升计划是各国商业文化的通病（美国亦不例外）。中国管理者已经意识到，明确员工成功所需的改进方向，对组织和员工双方都大有裨益。

我们有义务向可能会丢掉工作的员工澄清他无法提高的后果：如果不做出改变，就不能留下来了。有了书面流程，你就能够更准确地采取必要行动，并且书面提升计划还能减小沟通不畅的风险。

建议对提升计划采用标准格式，在制订计划时做到绝对坦率。该计划应包含即时绩效反馈的相关步骤，并对标准和障碍等方面进行仔细说明。本章末尾附有一份提升计划模板，可参考该模版制订适合你的企业的提升计划。为了确保整个组织都遵循这个流程，可以考虑制定一项政策，规定除非员工此前已被列入提升计划，否则未经你的批准，不得解雇任何员工。

注定失败综合征

"注定失败综合征"⁵描述了在指导某个方面工作表现不佳的员工时普遍存在的一种不正常循环,这种循环导致员工注定失败。注定失败综合征的表现是这样的:管理者提醒员工注意可通过指导来改善的问题,但管理者不但没有使用即时绩效反馈、集中精力扫清障碍、提供支持和争取协商一致,反而对员工提高警惕、缺乏信心;员工察觉到了管理者的不信任,变得更加畏首畏尾。结果,管理者变得更加警惕,员工进一步退缩,形成恶性循环。

要想避免患上注定失败综合征,你要向接受指导的员工清楚表明三点。第一,你相信他们能够成功。第二,你希望他们成功。第三,问题只要得到解决,便不会成为他们前进道路上的障碍。或者,就像迪士尼电影《狮子王》(The Lion King)中猴子拉飞奇说的那样:"那不重要,都过去了。"例如,你可以这么说:

> 如果我不相信你能成功,那我们早就在讨论离职事宜了。你要是相信这个计划,你就有机会成功。你是一名有价值的团队成员,失去你会让整个组织都感到难过,尤其是对我个人而言。我希望你能胜任工作,我也会竭尽全力确保你能胜任工作。对我们来说,一旦走过去,一切就都过去了。

注定失败综合征的最后一个影响因素是,提升计划常常使人尴尬。一旦参与提升计划的事情被他人知晓,员工势必感到焦虑,单是这一点就足以影响他提升的可能性。为了减小这种影响,应避免让太多人知晓,并尽量要求知情者承诺保密。这样你就最大限度地提高了员工在提升计划方面及作为长期团队成员取得成功的可能性。

"无浑人法则"

我在职业生涯早期，曾在咨询公司麦肯锡工作。那时，我的上司对我们要求很高。然而，他实现高标准的管理之道就是申斥下属，有时甚至会让整个团队蒙羞。有一次，我在连续 3 天每天工作 15 小时后犯了一个打字错误，他竟当众羞辱我。我的确犯了错，但他没有使用即时绩效反馈，而是希望通过羞辱我来让我改正。

对于这种情况，我在斯坦福大学的同事罗伯特·萨顿会说，尽管我的这位前上司坚持高标准，但这不足以抵消他对组织所造成的破坏。萨顿撰写了《论浑人》(*The No Asshole Rule*)㊀一书。[6] 这是他的潜心研究之作，其中描绘了"12 种恶劣举动"(The Dirty Dozen)，[7] 例如，冒犯或羞辱他人，以及导致他人感到压抑、屈辱或自我贬损。萨顿认为，有这些举动的人，无论在工作上多么高效，他们所产生的价值依然无法抵消其对组织所造成的破坏。他指出，我们很少真正认识到浑人在组织中所耗费的全部成本，其中包括现金成本，比如优秀员工流失、耗费时间应对后果和出色的团队成员消极怠工等。

犯浑几乎一直是无法通过指导来改善的特质型问题。如果你在组织内部发现这种浑人，那就提醒他们注意，并要求他们在短期内改善。如果本章所列步骤不奏效，那就运用萨顿的"无浑人法则"。

总结

在《从优秀到卓越》一书中，吉姆·柯林斯创造了"上车"一词，即招揽你希望在组织发展过程中与你并肩前行的人员。他写道："那些

㊀ No asshole rule 直译为"无浑人法则"。——编者注

主管们不是首先确定目的地,然后才把人们引向那里。不是。他们首先让合适的人上车(不合适的人自然请下车),然后才决定去向何处。"[8]

毫无疑问,你会发现,有的人具备成为卓越团队成员的特质,却坐在错误的位置上,柯林斯将这种情况称为"坐错座位"。我曾有一名副总裁,他管理着 900 名员工,却不能胜任该职位。但是,他与公司要求高度契合,不仅经验丰富,还具备所有适合公司的特质。我没有辞退他,而是请他组建了一个更能施展自身才能的新部门,并担任领导。他在新职位上表现非凡,这让我想起那句话:"绵羊不适合竞赛,赛马不适合放羊。"[9] 后来,我卖掉了那家公司,之后再次聘用了他。20 年过去了,我们依然是朋友,共同投资公司,共同出任公司董事。

指导表现不佳人员

1. 对于你的团队,每年两次自问四个问题:
   我觉得这名团队成员属于 A 级、B 级,还是 C 级?
   如果他辞职,我是会松一口气,还是会非常难过?
   "三年后……",我的组织结构图会是什么样子?
   如果我正在填补职位空缺,那根据我现在掌握的信息,我会以高出这个人当前工资 1/4 的薪酬聘用他出任这个职位吗?
2. 关注需要员工改善的具体行为,而非关注他这个人。
3. 确定员工需要改善哪些行为才能成为 A 级员工。
4. 判断问题是属于知识型、技能型,还是特质型。
5. 如果是特质型问题,则通过下面五个问题来确定这名员工是否有指导价值:
   他是否承认问题的存在?

他是否主动提出了解决办法?

他是否有后悔的表现?

他是否愿意为了解决问题而妥协?

他的基本价值观是否与组织相符?

6. 对于道德过失，你要回答的问题是这些行动是表明了这名员工的本性（行为模式），还是异常举动。
7. 运用即时绩效反馈的概念制订书面提升计划。
8. 表达以下四个观点，避免患上注定失败综合征。

   a. 你相信他们能够成功。

   b. 你希望他们成功。

   c. 问题只要得到解决，便不会成为他们前进道路上的障碍。

   d. 保密。
9. 运用萨顿的"无浑人法则"。

提升计划

经公司研究决定，你的工作绩效值得注意，原因如下：

本"提升计划"并非对你的训斥，而是希望帮助你纠正问题、让你的事业重回正轨。请你务必充分理解本提升计划。公司强烈建议你在执行提升计划期间与主管保持沟通，确保清楚了解自己在提升计划中表现如何。你应该明白，如未实现本提升计划的目标，你可能会被劝退。

整个计划持续 60 天，你必须在头 30 天（第一个周期）内纠正这些问题，否则公司将进一步对你采取措施。如果你未来再次出现本提升计划中所列问题，那公司可能不会再次安排提升计划，而是直接要求你离职。

以下是你的主管所制定的行动和改变要求。请务必仔细阅读，了解其中的相关内容。如有任何意见或异议，请填写在该表格中，待意见或异议消除后再签名。

如果你在与主管讨论后还有任何问题或者顾虑（包括怀疑自己是否遭遇不公），请立即与主管、主管的直属领导或人事部讨论。请不要等到提升计划结束时才表达顾虑。

本人（员工）对本提升计划的意见或异议如下。

签名即表示接受本提升计划，并且在签名前已有机会表达意见或异议。

_____   _____
员工姓名（印刷体）   日期

_____   _____
员工签名   主管签名

第6章

最难分手时

> 宁为鸡头，不做凤尾。
>
> ——中国谚语

我在经营第一家公司时解雇了这家公司的首席运营官，那是我第一次体会解雇员工的艰难。我们叫他史蒂夫吧。我有许多不解雇他的借口：公司运转良好，我跟他成了朋友，他工作勤奋，公司正在按计划发展，投资人十分满意。然而，与此同时，公司并未达到原本应达到的水平。我心里明白，要想达到那个水平，我们必须更换领导。尽管如此，我依然痛苦挣扎了数月之久。

所幸，在做出这个决定时，我已经接受指导，学会了如何解雇员工。若非如此，对公司而言，特别是对史蒂夫而言，这个过程会更难。在我宣布解雇的消息时，史蒂夫虽然内心感到焦虑、窘迫，但依然表现得十分专业。我们就平稳交接和公平的离职补偿金达成一致。我帮助他成立了自己的公司，开启新的事业。他的公司大获成功，在友谊和命运的驱使下，我的公司成了他最大的客户。30年过去了，我们仍然保持联系。

出于善意，我们通常会推迟公布坏消息。然而，正如惠普公司战略与企业运营部副总裁德布拉·邓恩所言："对一个人最大的不尊重就是让他在不合适的工作岗位上虚度光阴，他既无法赢得同事的尊重，又算不上成功，甚至可能会丧失自尊。我觉得，打着尊重他人的旗号做这种事情实在是太荒唐了。"[1]

同样出于善意，我们迟迟不愿做出决定，我们还经常试图避免伤害员工，结果把整个过程搞得一团糟。毫无疑问，解雇员工绝非易事。《最难分手时》（"Breaking Up Is Hard to Do"）是尼尔·萨达卡最热门的歌曲之一，唱出了恋人分手的艰难。职场"分手"与恋人分手一样，你越是试图减轻对方的痛苦，往往越会让他们难过。

做出决定

我们大多数人都迟迟不愿做出决定，希望有更合适的时机出现。遇到季节性变化和紧急情况时我们确实需要等待，但就解雇员工而言，短期内几乎不可能出现合适的时机。职位空缺意味着需要由其他团队成员承担额外的工作，招聘替代人员，以及重新开启入职后适职流程，所有这些都会耗费时间。然而，拖延不能解决任何问题，上述行动都是为打造合适的长期团队而付出的小小代价。

做出决定不是件容易的事，但如果你已经将前几章介绍的子技能付诸实践，那就表明你已经运用了绝对坦率的概念，并向员工提供了即时绩效反馈、全方位考核结果和书面提升计划。在这种情况下，如果从下面四个问题的角度来看，员工的表现仍不达标，那你可能有必要解雇他们了。

左脑思考	对团队成员评级，该人员属于 A 级、B 级还是 C 级？
右脑思考	如果这名员工得到了一个不错的机会，走进你的办公室提出辞职，并提出愿意配合平稳交接，那你是会感到松了一口气，或是无所谓，抑或非常难过？
三年后……	三年后，这名员工"在车上"还有一席之地吗？
你会再次聘用……吗？	如果你正在填补职位空缺，那你会以高出这个人当前工资 1/4 的薪酬聘用他出任这个职位吗？

在雇佣关系出现问题时，通常雇主和员工都有一定的责任。如果一个人不胜任某个职位，那你没有义务永远为他提供这份工作。但是，在他入职下个单位之前，你应该以公平、友善的态度帮助他完成离职事宜。前文提到的瑞·达利欧就曾指出，在做决定时拖拖拉拉对双方都没好处："无论是从员工角度，还是从团队角度来看，让一个人长期做不适合他的工作都有极大危害。对员工而言，这会阻碍其个人发展；而对团队而言，组织将承担他不胜任的后果，并且精英管理的效果也会遭到削弱。"[2]

真正的同情是做好准备工作

在斯坦福大学授课时，我会带领学生演练解雇员工。我扮演被解雇的员工，一名学生扮演管理者。作为员工，我询问我的健康保险会有何变化。大部分学生会回答："我不太清楚……我晚一点再告诉你。"我接着询问我的离职补偿金是多少、我能否带走现在用的笔记本电脑、我还剩多少天年假、我未休的带薪病假能否折现。我很快发现，由于他们准备得不充分，我变得焦虑不安，所以真正的同情是做好准备工作。

在做准备时，第一步就是要确定员工应获得怎样的经济补偿。在大多数辖区，员工有权享受法定假日和带薪休假，报销费用，拿到离职前最后一天的工资。你应提前准备好相应金额，直接存入员工账户或以支票形式交给他们。

《统一综合预算协调法案》（Consolidated Omnibus Budget Reconciliation Act，COBRA）面向有 20 名或以上员工的雇主，允许符合条件的员工在资格变更后，有限期内继续享受其团体健康保险。员工或许并不知道该法案，但你可能需要提供这项福利。确保员工知道该法案，为他们准备资料，并做简单说明。[3]

如果公司提供分红、退休计划或所有权计划，那你要熟悉其中的关键条款。因为这时解雇对象可能会感到不知所措，可能会忘记细节，所以你要提供一份书面解释，说明他们在离开公司后终止这些项目的结果。如果他们需要签署任何文件，那就提前准备好这些文件，你能填的都尽可能地帮他们填好。

如果需要支付离职补偿金，那你应负责提出合理的建议。不要询问员工"你认为怎样才公平"，这个错误必须杜绝。否则，他们会在情绪紧张的时刻承受额外的压力。你要做的是研究你的政策文件并与顾问交流，然后确定恰当的金额。我建议你给到任何讲道理的员工都会接受的慷慨金额。这有助于避免未来发生诉讼，确保解雇过程顺利开展，并消除你和组织若陷入争议或紧张的反复谈判将承受的损耗和压力。拉长离职办理周期还有助于员工在经济压力较小的情况下寻找新职位，而且你如果提供了公平、慷慨的补偿金，会更心安。

你可以给被解雇的员工提供新职介绍服务。在这种情况下，请准备好详细信息，包括联系信息和员工获取该服务的步骤。这样你就能证明，自己帮助他们寻找新工作的承诺并非随口一说了。

在与计划要解雇的员工开会前，考虑如何获取并保护公司机密。我曾解雇过一名高级主管，当时她正准备第二天出发去环球旅行。我怀疑她的笔记本电脑上面有渎职的证据，但没能立即收回电脑。等到我在48小时后收回那台笔记本电脑时，她已经借助专业服务擦除了硬盘信息，有迹象显示她拷走了公司机密。

另外，你还要决定是否愿意帮被解雇人员推荐工作。一个人在你的车上没有位置，但这并不意味着他找不到适合自己的车子。你甚至可以给被解雇的人员提供建议，先告诉他：

> 如果你找到了合适的职位，我可以当推荐人。如果你考虑让我当推荐人，请提前与我联系。根据职位描述，我将告诉你我会说些什么。如果我的推荐内容对你有帮助，那就提供我的名字，让我帮你在其他公司找到合适的工作。如果我的推荐内容不合适，那我可能帮不上什么忙。

为了计算被解雇人员的假期工资或准备某些文件等，需要提前知会一些同事解雇一事。不过，尽量控制消息的传播范围，越少人知道越好，越晚知道越好。只将消息透露给必须知晓的人员。你没必要节外生枝，同事即将被解雇的消息肯定会成为八卦的素材。如果你将消息透露给了没必要提前知晓的人员，那被解雇员工会间接发现自己即将丢掉工作，这与你身为领导者所要传达的价值观背道而驰。

离职协议

如果你提供超出法律要求的补偿金或服务（"报酬"），你应要求员工做出放弃索赔的承诺。这种安排很简单：我们将提供法律未做要求的离职补偿金和服务。作为回报，你认可这种安排公平合理，并同意在接受离职补偿金和服务以后不会起诉公司。

在离职协议中，你可以设置非贬低条款，要求双方不得发表贬损对方的言论，也可以设置禁止招揽条款，禁止承诺放弃索赔的员工未来招聘你团队中的某些成员或招揽某些客户。最后，你可以使用本协议建立或加深员工对公司信息保密性的了解。

通常，我会将遵守这些条款作为支付离职补偿金的条件。理想情况下，我会在较长时间内分批支付这笔款项，对方若不遵守这些条款，将承受更大的后果。例如，如果你要支付相当于 6 周工资的离职补偿金，那你可以考虑均摊在 12 周内完成支付，这样可以促使对方在更长时间内遵守离职协议条款。

出于对员工受到威胁和胁迫的担忧，法院可能会认为他们在离职交接期间签订的合同可执行性较差。要解决这个问题，可以给员工几天时间研究离职协议中的要求。

为了减小离职协议被误解的可能性，协议文字应简单明了，避免不必要的法律用语。法律用语会让人感到紧张不安，还暗示着双方的一种敌对关系。出于同样的原因，你要鼓励员工找律师咨询，并对协议中他可能会反对的各个方面加以强调，用粗体或下划线标明有关员工在签字后将丧失起诉机会的正文内容。根据我自己的经验，你的表述越具体，协议被第三方和法院执行的可能性就越大。

某些辖区允许员工在签订离职协议后一段时间内改变主意。这段时间被称为撤销期。因此，在这段时间结束前不要支付离职补偿金。撤销期结束后，请员工签署法律文件，声明他们选择不撤销离职协议，这样他们之前签订离职协议这个选择就不存在任何问题了。

若解雇对象属于受保护阶层，要格外谨慎。《民权法案》中包含了禁止因为种族、肤色、宗教、性别和民族来源而采取就业上的歧视的内容。误将受保护阶层人员解雇可能会造成严重后果。即使是最简单的案件，诉讼风险也可能会产生超过2.5万美元的费用，而复杂案件的费用则要多得多。当然，这不是将他们"留在车上"的理由，但在这种情况下，你在确定实施计划之前应咨询专家，然后提供双方都认为公平的离职协议。

职场"分手"应直截了当

如果你心地善良，那分手就不可能轻松。你努力堆砌准确的措辞，试图消除痛苦。但是，这种努力不仅不切实际，还可能让事情变得更糟。不要以任何形式表达"这对我来说也很艰难""我希望你能理解"或"我希望以后还是朋友"之类的意思。许多人在与恋人分手时都说过这些话，结果无济于事，这些话在职场"分手"中也没有太大效果。它们不过是你自己减轻负罪感的托词罢了。在解雇员工时，你并非主角，必须承担履行领导职责的后果，面对在不遗余力地组建团队的过程中遇到的困难。

真正善良的做法是直截了当。会议不应超过10分钟，不要以闲聊开场，对方会从你的表情中读出坏消息。你越是拖延，他们越是感到尴尬和不安：

> 迦勒，我很抱歉，但我已经做出决定，你不再适合这个职位。你属于能够让你发挥才能的地方。尽管这个决定对你而言不太容易接受，但我现在要跟你讲讲你的离职协议条款……

不要错误地将模棱两可的措辞当成仁慈的表现。吉姆·埃利斯是我在斯坦福大学的同事，也是十亿美元企业亚胜的联合创始人。埃利斯曾撰文讲述吉列公司一位经理的故事。出于善意，这位经理在解雇员工时不愿把话挑明，只对这名员工说他要"走了"。结果，这名员工被经理的话误导，谈了很久之后还以为自己只是要调岗而已。

你可能总想为自己的决定找到正当的理由或让对方表示赞同，尤其是在他追问这个决定背后的原因时。在这种情况下，宣布人员解雇的会议往往会演变成一场辩论。你在不知不觉间为他的缺点找到了说服力一个比一个强的理由，让他感到痛苦和挫败。如果不对这种选择背后的细节加以说明，可能会显得不太公平。但是，对方刚得到不好的消息，他的脑海里可能充满了愤怒、尴尬和怨恨等情绪。他可能会担心如何对配偶或伴侣交代，是否需要取消计划中的假期，以及如何再找份工作。他这时的心理状态无法消化绩效反馈。因此，如果他询问解雇的原因，我通常会说：

> 只要是你觉得有用的细节，我都愿意告诉你。如果你想约个时间讨论我这个决定背后的原因，我可以安排。我会先准备一下，带些笔记过来。我建议我们先就你离职协议的条款达成一致，再在下周找个时间见面。不过，这次开会的目的是讨论一下你离职协议的条款。

如果他们不依不饶，想要获得更多信息，你可以重申："这次开会的目的是讨论一下你离职协议的条款"，并再次提议下次单独开会讨论。如果他坚持要求你提供细节，否则便声称不公平，那你务必保持坚定，要清楚自己不在这次会议上谈论细节是出于同情和善意。随后，开始讨论离职协议的细节。

最后，为自己的决定负责，不要推卸责任。不要把矛头指向你的上司、老板、董事会或其他任何成员。既然你做出了决定，你就要为它承担所有责任。

离职安排

对于一周的哪个工作日最适合开这种会，经验丰富的管理者们各有各的看法。我喜欢周五，因为员工可以利用周末的时间来消化信息。大多数人在周六和周日都不会工作。所以，他们不会像在工作日中途突然回家那样措手不及。我还发现周末是很好的冷静期，他们可能会在这两天内重新审视当前的情况。

我觉得没必要安排其他人员在会议室内担任证人，而且我认为这种做法会制造无谓的不快。钟彬娴是雅芳的前首席执行官，也是苹果、联合利华和家居电商Wayfair的董事会成员。我俩曾就是否需要安排证人这个问题开展过广泛的讨论。我们都同意，安排证人就意味着不信任，还会将被解雇人员置于他人的审视之下，这种做法纯属多余。根据我们的共同经验，避免遭受非法解雇指控的最佳办法是遵守你所在辖区的法律，并就公平、全面的离职协议达成一致。[4]

尽量在无窗办公室或会议室开会，避免其他员工看到这个私密会议。一些经理选择约被解雇人员在公司外部开会，但这可能会在实际操作层面存在问题，因为被解雇员工还需要返回公司，在众目睽睽之下取走个人物品，而此时他们可能只想尽快离开。

在听到解雇的消息后，员工可能会出现各种情绪反应，你要做好应对的准备。我第一次遇到情绪崩溃的员工时完全不知所措，只能局促不安地看着。对他们而言，这种局面十分尴尬，我至今无法释怀。员工情绪崩溃的情况时有发生。你要准备一瓶水和一些纸巾。如果员工情绪失控，你应考虑找借口离开房间几分钟，让他自己振作起来，重拾自尊。

最适合开会的时间是在下班那会儿，最好等到尽可能多的同事都下班之后。员工在走出公司大楼时难免感到沮丧甚至难堪，这时他们遇见或交谈的人越少越好。一些公司会派保安护送员工离开大楼，但根据我和彬娴的经验，在几乎所有情况下，这种做法都是多此一举，只会徒增难堪。公司的这个举动暗示了如果不派保安，那员工就会做出一些危险或不恰当的举动，但事实上这种事情少之又少。

在特殊情况下，员工可能会搞破坏，可能会向其他团队成员发泄对你或公司的强烈不满。如果出现这种情况，你要得体地催促他们离开，宁愿多给他们一点表达负面情绪和做出负面行为的时间，注意避免事态升级。我无法评估你在特定解雇过程中可能会面临多大的风险，不过，就我个人的经验而言，那艰难的几分钟不会造成太大伤害，公司可以很快恢复过来，但倘若事态升级，导致强制解雇员工或引发暴力事件，那公司的恢复速度将慢得多。[5]

向其他员工披露信息

对于其他团队成员，仅向他们透露为继续工作而必须了解的信息。这样可以保护被解雇人员的隐私，还能让你的团队感到安心，因为他们知道，假如被解雇的是自己，大家也不会说长道短。不过有一些情况例外，例如，有人盗窃公司财产或对公司业务有重大影响。在大多数情况下，其他人无权过问某人为何被解雇。

不过，其他人会因这些人被解雇而受到影响。你在与其他员工沟通时可以像下面这样开始：

你也知道,莎伦不在我们公司上班了。只有我和她知道具体原因。出于对她的尊重,我不允许任何人借她的离开造谣或讲闲话,这些行为有违我们的价值观。不过,眼下有几个跟你推进工作有关的问题,我想现在解决……

这时,可以想见,你的员工可能内心在思考四个问题:

被解雇人员的遗留工作将如何完成?
会找人填补这个空缺吗?什么时候?
这对汇报关系有何影响?
会考虑内部候选人吗?

不要等着他们来问你这些问题。否则,其他团队成员会自己胡思乱想,这对你作为管理者的形象不利。他们希望你有考虑周全的计划,并且公司的未来安全无虞。

总结

乔尔·彼得森在任教斯坦福大学之前,经营着全球规模最大的房地产公司之一。在斯坦福大学任教期间,他还在授课之余担任捷蓝航空的董事长和创始投资人。多年来,我与乔尔合作教授一门课程。乔尔让我明白,领导者应具备解雇员工的能力。正如乔尔所言:

最出色的领导者既要善于把人员从不合适的岗位上撤下来,又要善于把后起之秀安排到合适的位置上。招聘时,犯错在所难免。即使不犯错,你也会发现,在经历组织变革和角色转换时,一些技能纯熟的员工也无法适应。[6]

要想组建卓越的团队，领导者就必须具备解雇员工的能力。有人说自己从未解雇过任何人，这并不意味着他们具有超强的招聘能力，而是表明他们缺乏组建制胜团队的决心。如果你决心成为一名卓越的领导者，那就必须接受管理工作中不愉快的一面。

最难分手时

1. 在解雇员工之前，你要自问是否已对这名员工运用即时绩效反馈的子技能、开展全方位考核，并提供指导。
2. 在做出决定时，你要自问第5章中提到的四个问题：
   我觉得这名团队成员属于A级、B级，还是C级？
   如果他辞职，我是会松一口气，还是会非常难过？
   "三年后……"，我的组织结构图会是什么样子？
   如果我正在填补职位空缺，那根据我现在掌握的信息，我会以高出这个人当前工资1/4的薪酬聘用他出任这个职位吗？
3. 真正的同情是做好准备工作：
   a. 加总法定假日和带薪休假的报酬、费用报销金额和直到离职前最后一天的工资，准备好支票。
   b. 告知员工在有限期内可继续享受团体健康保险（《统一综合预算协调法案》），并准备好相应的文件。
   c. 准备公司有关分红、退休计划、所有权计划和其他福利的文件。
   d. 提供新职介绍服务。
   e. 制订保护机密信息和公司财产的计划。

4. 编写离职协议，并在开会前准备好。

 a. 确定离职补偿金的金额。

 b. 在一段时间内分批支付离职补偿金，不要一次性付清。

 c. 考虑设置非贬低和禁止招揽条款。

 d. 使用简单明了的文字。

 e. 为员工提供时间，方便他们聘请顾问，一起研究材料。

 f. 了解你所在州是否设有撤销期。在撤销期结束后，要求员工书面确认他们选择不撤销离职协议。

5. 尽量控制消息的传播，越少人知道越好，越晚知道越好，并且只告诉有必要知道的人员。

6. 在沟通时直截了当。控制会议时长。

7. 重点讨论离职协议的条款，而非解雇原因。如果被解雇人员想知道详细的解雇原因，可提议下次单独开会讨论。

8. 做好离职安排，减少被解雇人员面对其他员工的尴尬（选择无窗办公室，下班那会儿，最好在周五开会）。准备好纸巾和水。

9. 在向其他员工披露信息时，主要围绕以下四个方面展开：

被解雇人员的遗留工作将如何完成？

会找人填补这个空缺吗？什么时候？

这对汇报关系有何影响？

会考虑内部候选人吗？

  本书和离职协议示例的任何内容都不可视为法律建议或工作场所风险管理方法。这些材料并非指导如何解决法律事务、评估暴力风险或应对潜在暴力情况的具体行动方针。我并非律师，亦非风险管理或工作场所暴力评估及应对方面的权威人士。我只是在向读者传达我根据个人经历得出的看法。

这些材料只提供了一般性信息，并未提供你应如何处理具体情况的任何具体建议，亦未提供任何包含一系列特定事实的行动指南及你该如何继续工作的建议。本书不存在任何暗示作者和读者之间是律师与委托人关系的内容。

离职协议示例

（日期）

朱莉·雅各布斯女士

美国俄克拉何马州塔尔萨市

圣塞巴斯蒂安大道第 11825 号

亲爱的朱莉：

  本协议旨在确认您于_____（日期）被_____（公司）解雇后的特殊付款计划安排。就本协议而言，公司包括其高级职员、董事、股东和附属组织。

  作为您同意并遵守本协议条款及所有附件条款的回报，公司将向您提供下述补偿。如果您确认同意本协议所列条款，并履行下文和附件 A 所列义务，那您将得到所述补偿。

1. 您将得到按您当前薪资水平计算的_____周报酬，在_____周时间内通过正常工资发放途径支付。本条项下的所有付款将按正常规定和惯例扣除扣缴。

2. 您还同意，除非法律强制要求，否则您不会以任何方式或在任何其他时间故意告知任何一方有损公司及其业务或声誉的任何内容。

3. 在_____周时间内，我们将为您提供合理的行政支持，帮助您在其他公司找到工作。

4. 您明白，如果您未能遵守本协议的所有条款（包括第 2 条），则可能导致本协议（包括第 1 条和第 3 条）终止。

5. 您明白，本协议条款和附件 A 弃权书的效力取决于您是否签署附件 A，及是否选择不撤销附件 A（尽管您有权撤销）。

6. 鉴于上述条款（包括但不限于第 1 条和第 3 条），如果公司收到经您确认的协议文件，则表示您放弃就雇佣问题［包括有关补偿、奖金或股权的问题，但 401（K）等既定退休金问题除外］，及歧视和非法解雇问题向公司提出所有一切索赔的权利。

7. 您于_____（日期）收到了本协议。您已知晓，您有至少 21 天的考虑时间。在此期间，您可以征求律师的建议。为确保本协议的法律效力，您必须在证人的见证下签字并将协议文件返还给_____。

您在返还签署的协议后，有 7 天时间可撤销协议。本协议在这 7 天期限届满前不会生效且不可执行。如果选择撤销本协议，您必须以书面形式通知公司：_____，并声明："本人在此撤销接受书面协议和附件 A 弃权书的决定。"如果您不想撤销本协议，请在您签署本协议后 7 天内签署附件 A 并发送至_____。

您明白，如果您接受本协议条款并签署本文件，您将放弃依据此类索赔起诉公司或其董事、高级职员和员工的任何权利，或由其他方代您对公司提起任何诉讼的权利。

您确认，您自愿弃权，并且在您签署附件 A 弃权书之前，公司曾向您提供机会研究相关选择，并鼓励您咨询包括律师在内的相关顾问。

您还确认，您有机会对本协议进行更改或修改，但您放弃了这个机会。同意并确认：

_____　　　_____
员工姓名（印刷体）　　　　　　日期

_____　　　_____
员工签名　　　　　　　　　　　主管签名

附件 A

本弃权书是_____（日期）所签署书面协议的附件，两份文件结合使用。您明白，为获得书面协议所述补偿待遇，您必须同意以下一般性放弃条款：

为获得该书面协议所述报酬，您同意放弃截至您签署本弃权书之前和当日所拥有的可对公司提出的所有法定索赔权。您承诺不会就您与公司的雇佣关系、公司终止雇佣以及书面协议所述行为起诉公司或对公司提起任何法律诉讼。这些权利包括但不限于以下任何法律所赋予的任何法定索赔权：

《民权法案》（Civil Rights Act）第 7 章

《雇员退休收入保障法》（Employee Retirement Income Security Act）

《移民改革与控制法》（Immigration Reform and Control Act）

《美国残疾人保护法》（Americans with Disabilities Act）

《统一综合预算协调法案》（Consolidated Omnibus Budget

Reconciliation Act）

《（禁止）就业年龄歧视法》（Age Discrimination in Employment Act）

《老龄工作者利益保护法》（Older Workers Benefit Protection Act）

《职业安全与健康法案》（Occupational Safety and Health Act）

《全国劳工关系法案》（National Labor Relations Act）

《公平劳动标准法》（Fair Labor Standards Act）

《1866年民权法》（Civil Rights Act of 1866）

《1991年民权法》（Civil Rights Act of 1991）

《美国法典》（U.S. Code）第42编第1981节至第1988节（含）

《康复法》（Rehabilitation Act）

《同工同酬法》（Equal Pay Act）

《家庭与医疗休假法案》（Family and Medical Leave Act）

《工人调整和再培训通知法》（Worker Adjustment and Retraining Notification Act）

《移民改革与控制法案》（Immigration Reform and Control Act）

任何其他联邦、州或地方的民权法或反歧视法

有关诽谤、非法解雇、过失造成精神困扰、故意造成精神困扰及虚假陈述的法律

任何地方、州或联邦法律、法规或条例及/或公共政策、合同或民事侵权法

签署本协议则表明您放弃过去在职时或现在所拥有的任何权利或利益。

<u>您确认,您自愿签订本协议,并且您在签署本弃权书之前,曾有机会研究相关选择,并就选择咨询包括律师在内的相关顾问。</u>您还确认,您有机会对本协议进行更改或修改,<u>但您放弃了这个机会。</u>

如果您不签署本弃权书,您将无法获得本协议所列的任何利益或补偿。如果您在签署本弃权书后选择将它撤销,那您将失去上述所有利益和补偿,并且您还必须偿还您已根据书面协议获得的任何利益或补偿。

您还明白,如果我们没有在签署本协议后 9 天内收到弃权书,那本协议所述利益将暂停提供,直至我们收到该文件。

我已阅读本弃权书及书面协议,并同意所述条款:

_____   _____
员工姓名(印刷体)   日期

_____
员工签名

_____   _____
证人姓名(印刷体)   日期

_____
证人签名

罗杰·罗伯茨先生
Fine Company 公司首席执行官

美国俄克拉何马州

塔尔萨市第 21 街第 438 号

亲自送达

亲爱的罗伯茨先生：

对于我于_____（日期）签字的_____（日期）书面协议，我不撤销接受罗杰·罗伯茨所提出补偿待遇的决定。

祝好！

第7章

不要浪费最后告别的机会

> 英国人在这方面可谓与众不同:唯有他们乐于知晓事情到底有多糟糕。
>
> ——温斯顿·丘吉尔

我担任过一家医疗保健公司的董事,该公司的员工流动率极高。公司首席执行官声称这是就业市场紧缩的结果,公司只能用更高的工资留住员工。然而,近一年之后,尽管公司一直在加薪,但优秀人才仍在流失。于是,董事会要求我对几位刚递交辞呈的员工进行离职面谈。

我发现,在我面谈的人员中,竟无一人是为了追求更高的薪水。他们感到不满的原因在于,首席执行官营造了令人紧张不安的工作氛围。但是,我们并未解雇这名首席执行官,而是以恰当的方式整理了这些反馈信息,尽可能地增大他接受批评意见并采取相应行动的可能性。这些意见犹如难以下咽的苦药,但值得称道的是,他接受了反馈,并一直在调整自己的行为。他在一年内成功降低了员工流动率，更是带领公司发展壮大、走向成功。不过，不可否认，如果之前公司就开始使用离职面谈这项子技能，那前期的成本完全可以避免。

竞争武器：离职面谈

当今世界，劳动力市场竞争激烈。要想提高吸引和留住优秀人才的能力，离职面谈是最简单的方法之一。好消息是，你的大多数竞争对手都缺乏自信，不敢利用这项子技能，因此你可以将离职面谈当作你的强大的竞争武器。在全美范围内，每年有 26.3% 的职场人会离开原有岗位，每年由员工更替导致的成本估计可达 1 万亿美元。[1] 然而，在离职员工中，有高达 52% 的人表示，其经理原本可以采取一些行动来留住他们，[2] 而略过半数的离职员工表示，没人在他们离职前询问他们对这份工作或这家公司的感受。[3]

诺伊尔·尼尔森博士在其所著《开心员工赚大钱》（*Make More Money by Making Your Employees Happy*）一书中指出："如果员工觉得公司将他们的利益放在心上，那他们就会将公司的利益放在心上。"数据印证了这一点。《财富》杂志每年都会评选"美国最适宜工作的100家公司"，上榜企业的股价年平均涨幅是市场整体涨幅的两倍多。[4] 在一篇关于个人和职场幸福感的文章中，哈佛商学院的亚瑟·布鲁克斯引用了盖洛普的调查数据，进一步支持了"离职面谈是一种竞争武器"这个观点。该调查数据显示，在员工敬业度百分比最高的那些公司中，逾四分之三的公司的表现优于竞争对手。[5]

在职员工可能不愿透露某些信息，但对即将离职的员工而言，透露这种信息通常不会有什么损失。通过离职面谈，你可能会得知员工们正在考虑成立工会，或者他们感觉被最近推出的新健康计划误导了。有人在离职前可能会报告说有公司高管在偷盗公司财产，或者营销副总裁一直在面试其他职位。在一场效果较好的离职面谈中，你可以收集到的信息种类几乎没有上限。

许多管理者对显而易见的事例熟视无睹，仍然不愿建立离职面谈制度，因为他们内心深处害怕听到员工可能说出的话。我就是这样的。每当有人离职时，我宁愿相信自己的一套叙事。这在心理上更容易接受。我不想承担失去优秀员工的责任，所以我按自己的想法编造故事。这些反应可能都是正常的，但正如领导力专家肯尼斯·布兰查德所言："反馈是冠军的早餐。"[6]

不可否认，反馈有时难以消化。但是，如果你愿意下咽，那你制胜的可能性必然会增大。如果按照流程，员工在主动决定或被动接受与你分道扬镳时，才有机会"全盘托出"，那表明你个人和组织存在弱点和漏洞。不过，重要的是了解组织出现了什么问题及如何改善，而你通常只有一次机会听取重要证人的意见。

面谈者

安排未经培训或缺乏必要特质的管理者进行离职面谈是个错误的决定。面谈者必须突破公司政治和社会规范的阻碍，挖掘深层次的信息。要想在离职面谈过程中获取信息，面谈者必须仔细挖掘。他必须创造舒适的环境，让员工愿意透露令人尴尬或敏感的信息。因此，选择和培训面谈者是整个流程中最重要的一环。

面谈者必须善于倾听，给人一种值得信赖的感觉。他不搞公司政治，并且全公司公认这一点。面谈者必须是在组织结构中身居要职的人员，有条件对上层领导说出真相，这样即将离职的员工（面谈对象）才会敞开心扉畅谈。否则，他们会怀疑自己的意见是否会被重视。

为了保持客观，面谈者不应与面谈对象或其经理有直接汇报关系，而且首席执行官最好不要参加面谈。面谈对象应该有机会揭露公司领导层的问题，并能够发表面对当事人难以启齿的言论，例如，"人们觉得她力不从心"。

在极少数的情况下，面谈者可能会接触到有关领导团队内部不当行为的敏感信息。因此，选择的面谈者应有机会直接接触公司的法律顾问和董事会。如果公司规模足够大，人力资源部门的资深员工就是负责面谈的最佳人选。此外，可以考虑选择需付费的外部资源，例如，高管教练或签订合同的人力资源公司。

面谈

离职面谈的理想时间是员工在岗的最后一天。一些经理认为可以安排在员工离职几个星期后，那个时候员工会拥有更广阔的视角。但是，随着时间的推移，他们与你的组织之间的关联逐渐变弱，重要细节也逐渐淡忘。在他们忙着掀开人生新篇章时，你将很难安排会面时间。

面谈应安排在下班那会儿，在面谈对象完成所有工作职责之后。你无法确保对话的发展方向，所以只需确定开始时间，并在安排日程时留出较长的面谈时间。

面谈者应把自己当作好奇的团队成员，把离职员工当作主题专家。面谈者首先应对新想法持开放态度，并向离职的团队成员保证，会面的目的不是维持现状：

> 我们知道总有需要改进的方面，这是我们公司变得更好的机会。我之所以与你面谈，就是想让你尽可能坦率和真诚地表达意见。

面谈者不能承诺保守秘密。现实中存在超出他们控制范围的考虑因素，例如，某人是否面临危险。面谈者只须谨慎地做出承诺：

> 我不能保证对你说的任何话都守口如瓶，因为我不知道你要告诉我什么。如果某人面临危险，那我就必须解决这个问题。但是，我可以向你保证，我会谨慎行事。如果有什么需要特殊对待的，请事先告诉我，我会设法找到恰当的处理方法。

离职面谈不能用表格、调查和数字评级来代替。在谈话时尽量做到条理清楚，向对方提出开放式问题。避免提出可以用"是"或"否"、"有"或"没有"来回答的问题。例如，不要问"对于周敏的管理风格，有什么我们需要了解的不好的信息吗？"

这个问题是可以用"有"或"没有"来回答的，考虑下面这样的开放式问题：就管理风格而言，周敏存在哪些阻碍她成功的不足之处？换言之，为了更好地进行管理，她应该了解自己的哪些问题？

请注意，我列举的这个问题并不是为了让员工打小报告，而是为了收集周敏想了解的信息。

不过，面谈对象可能会不太愿意开口，他在组织语言或努力鼓足勇气表达自己的想法的过程中可能会停顿或沉默。面谈者应予理解。面谈对象对前同事可能还有情分和忠诚感，如果对方特别不愿提供信息，那面谈者可以向他说明，面谈是送给前同事的礼物：

徐燕，我很高兴你与周敏相处融洽，但没有人是完美无缺的。我知道周敏渴望进步，她会对你的指导意见心怀感激。另外，你还可以利用这个机会帮助徐涛和吴斌等同事。如果周敏成了更优秀的经理，那他们都将从中受益。

面谈者还应询问可能需要解决的职场问题。例如，可以询问是否有未报销的费用或公司未履行的承诺。这种情况下，面谈者应提一个简单的问题，了解员工的问题是否得到了圆满解决：问题解决了吗？

如果是与被解雇的员工进行面谈，那面谈者应重点询问员工觉得公司存在哪些缺陷和机遇。不要讨论解雇原因，除非被解雇的员工认为自己有证明公司非法解雇（例如，出于报复或歧视）的法律依据，对此你应了解相关信息。

"三C"原则

与匿名的全方位考核流程相似，离职员工可能会利用面谈的机会实施报复，口出恶言，也可能词不达意，无法有效表达意见。离职面谈不是公布原始数据或怨言。因此，面谈者在与任何人讨论自己面谈的结果之前，应运用"三C"原则：整理反馈；制订个人成长计划，用于消除障碍、提供支持和协商一致；与被影响员工一起完成闭环。离职面谈带来的最好的结果是一份个人成长计划，这份计划应使用全方位考核和即时绩效反馈，对你的组织做出有意义的改进。

整理反馈的目的是删除不利于将信息付诸实践的表达或引用，提高信息的实用价值。与全方位考核一样，面谈者的任务是剔除无关痛痒或动机不纯的评论，并寻找有证据作为支撑的对同事或公司有用的信息。虽然并非每场离职面谈都能产生新的信息，但对管理者而言，强化和确认现有观点同样有帮助。

总结

菲尔·希弗里德曾与伙伴合作创办了一家非常成功的投资银行。银行业的员工流动率一向非常高，但希弗里德这家公司的员工流动率几乎为零。这在一定程度上得益于公司利用离职面谈来持续调整公司文化、规范和流程。希弗里德甚至更进一步——他会开展离职预防面谈。每年，高级管理层会向员工提出两个简单的问题：其一，什么原因会促使你选择继续待在公司？其二，"什么原因会导致你选择离职？"如此一来，他们就能更好地防患于未然，提前发现并处理可能导致优秀团队成员流失的问题。得益于离职预防面谈等因素，希弗里德的公司连年入选"最适宜工作的公司"。

> 不要浪费最后告别的机会
>
> 1. 一名出色的面谈者必须：
>   a. 善于倾听
>   b. 令人信赖
>   c. 身居要职，有条件对上层领导说出真相
>   d. 与离职员工的上司不存在直接汇报关系
>   e. 不是首席执行官

2. 选择员工在岗的最后一天，下班那会儿，且员工完成所有工作职责时，进行面谈。
3. 对新想法持开放态度，并向员工保证面谈的目的不是维持现状。
4. 你不能承诺守口如瓶，只须谨慎地做出承诺。
5. 在谈话时尽量做到条理清楚，提出能够揭示关键信息的开放式问题。
6. 避免提出可以用"是"或"否"、"有"或"没有"来回答的问题。
7. 离职面谈不能用表格、调查和数字评级来代替。
8. 运用"三C"原则：
   a. 整理反馈，对主题进行概括性总结，不要提供未经处理的评价。
   b. 制订个人成长计划，用于消除障碍、提供支持和协商一致。
   c. 完成闭环。
9. 考虑设置离职预防面谈流程，了解员工选择留下和会导致他们选择离职的原因。

离职面谈的十个问题

1. 什么原因最终促使你接受新职位？
2. 什么因素改变了你离职的想法？
3. 你如何描述我们的企业文化？
4. 我们公司怎样才能变得更适宜员工工作？
5. 你觉得公司的哪些方面值得你推荐给朋友？

6. 你觉得我们公司面临的较大风险有哪些？
7. 你最喜欢和最不喜欢这份工作的哪个方面？
8. 你是否收到过帮助你提高绩效的建设性反馈？
9. 你觉得上司为你提供成功所需的资源了吗？
10. 如果你是老板，你希望领导层意识到哪些他们可能尚不知道的事情？

第二部分

THE MANAGER'S HANDBOOK

惜时"成癖"

第 8 章

行动不等于进展

> 单是忙起来还不够,蚂蚁也日日不得闲。还要自问,我们在忙些什么?
>
> ——亨利·戴维·梭罗,
> 美国作家、哲学家

多年来,我一直过着工作日任务不断积压,周末加班赶工的生活。每当周一到来,我总以为新的一周会有所不同,以为自己会着手处理重要的工作,会多陪陪几个女儿,会每晚回家吃饭,还会在健身房挥洒汗水。但是,每一周都是前一周的翻版。

我忽略了这样一个事实:随着组织规模越来越大,我投入的时间越来越多。越来越多的人希望我关注他们的工作,导致我自己的优先事项反而被搁置了。我发现,我需要回复越来越多的邮件,需要给越来越多想要"向我咨询"的人答疑解惑。我没想到,原本用于改善这种情况的技术反而让事情变得更糟：智能手机变成枷锁，让任何人都可以随时联系上我。人们希望我无时无刻不在看邮件，几乎所有人都能在互联网上查到我的电子邮箱地址。领英等网站大开方便之门，人人都能给我发送信息；日历软件便捷高效，人们甚至不必征求我的意见就能自行编辑我的日历上的时间安排；视频技术功能强大，人们很容易安排长达1小时的会议，讨论实际上只需要20分钟的话题。

我用力挤过这片技术丛林，每天早晨都告诫自己要多陪陪孩子，不要不停地查看邮件，少参加几场会议，还要学会拒绝。然而，各种突发情况将我的计划完全打乱。团队成员边敲办公室门边说那句可怕的话："有空吗？"我本来必须当天写完的那项重要提案就这样被推到了周末。我原本为自己的优先事项挤出了时间，但时间持续不断地被低价值活动占用。

一天下午，这种让我懊恼的情况画上了句号。那天，我正在斯坦福大学校园里跟朋友汤姆·斯塔格斯喝咖啡。我问他，我俩每天工作的时长一样，但他能成功管理超过20万名员工，我想知道他是如何做到的。当时，汤姆是华特迪士尼公司的首席运营官，迪士尼的规模比我的公司要大得多，但他每天工作的时长跟我一样。

他说，为了管理好公司，他必须格外仔细地管理最宝贵的有限资源：时间。他还说，我将安排日程的权利交给了别人，因此别无选择。那天过后，我开始观察其他顶级领导者管理时间的习惯，并阅读他们有关如何避免浪费时间的建议。我意识到，汤姆是对的。我从能办成事的人身上学到的五大经验之一，就是如何避免浪费时间。

先挤出更多时间

弗兰克·吉尔布雷斯是自传体小说《便宜一打》（*Cheaper by*

the Dozen）⊖的作者，他在书中的形象为人所熟知。在这本书中，吉尔布雷斯用幽默的笔触，勾勒出每天为12个孩子准备食物并送他们上学的场景。不过，就身份而言，他首先是知名的科学管理专家，然后才是这本著名作品的作者。他有一项广为人知的研究成果，即当砖垛堆到及胸高度时，砖匠在相同时间内砌砖的效率会翻一番。[1]下面是一个现代的例子。[2]我在斯坦福大学的同事罗伯特·萨顿和哈吉·拉奥在二人合著的畅销书《可复制的成功》中，列举了只有内行才懂的时间节约技巧：将赛车的空气软管绕成8字形而不是圆圈后，赛车队在纳斯卡车赛（NASCAR）⊖上进站维护的平均时间从22秒减少到20秒（在时常以十分之一秒定胜负的比赛中，这项改进至关紧要）。

在吉尔布雷斯取得其研究成果后的百年间，工业工程技术几乎渗透到了工作场所的方方面面，唯有管理领域例外。当下，我们知道管理者每天大概可以挤出2个小时，诀窍与将12个孩子送到学校或加快赛车进站维护速度的技巧类似。

压缩会议时间

约4000年前，古巴比伦人将白天分为12个小时，一小时分为60分钟。12和60都能够被数字12整除，而数字12是每只手4个手指（不包含拇指）的关节总数（每个手指3个）。[3]没错，每只手的关节总数就是全世界几乎每场会议默认持续60分钟的由来。

为了不让长眠于地下的古巴比伦数学家控制我的日程表，我做

⊖ 该小说最早出版于1948年。——编者注
⊖ 美国纳斯卡车赛是一项在美国流行的汽车赛事，有美国人的F1比赛之称。——译者注

了一项实验，将 1 小时的会议缩短到 40 分钟，半小时的会议缩短到 20 分钟。乍一看，这样似乎单次不会节约太多时间，但管理者多达 72% 的工作时间都是在开会。[4] 按我一直以来的工作日程计算，这项简单调整可以让我每天多出 70 分钟，相当于每周几乎多出 1 个工作日！

这样调整还有两个意料之外的好处。其一，这些不同寻常的会议时长向参会者传达出一个讯息：会议应准时开始和结束。事实证明，将会议安排在 10 点 20 分结束，那人们会认为这是有意为之。所以，大家准时到达，我们准点开始谈正事。在这 20 分钟里，我们完成了比以前 30 分钟的会议更多的工作。其二，超时 5 至 10 分钟的会议变少了。我估计这两个影响让我几乎每天都能节约 20 分钟时间。

OHIO 原则

OHIO 原则就是：一次性完成（Only Handle It Once）。管理者在每件事情上平均花费 3 分钟多一点儿时间，一天内接触 12.2 个不同的工作领域，每 10 分钟从一项任务转向下一项任务。[5] 这种做法被神经学家称为任务切换，而我们知道这并不是完成工作的有效方法。

以一项研究为例，研究人员给两组参与者都安排了两项不同的任务。一组的任务是先搭建一个木屋模型，接着再回复研究人员给他们发送的短信和邮件。另一组的任务也是搭建木屋模型，回复同样的信息，但要即时用手机回复。第一组成功完成了回复信息和搭建木屋模型这两项任务，用时比第二组少三分之一。

这项研究令我想起了我与一名女士会面的场景。那天，她的飞机晚点了。她在着陆后因没能在飞机上给我发邮件说明晚点而向我致歉，她还说飞机上的互联网根本用不了。她随后承认，虽然很抱歉没能联系上我，但她在飞机上完成了一大堆工作。由于飞机上没有分散注意力的互联网，所以她的专注度更高（工作起来更快），任务切换所导致的时间浪费也更少。

这是因为当我们从一项任务切换到另一项任务时，大脑不能立即完成切换。我们需要一些适应时间，然后才能完全投入后续工作。每当我们开始一项任务，我们的认知功能都需要经历一个逐渐适应的过程。在我们转向新的任务时，注意力仍会集中在先前的活动上。如果我们在不同任务之间切换，就会付出这种认知代价，研究人员称之为残留效应（residual effect）。就像飞机上那位女士一样，你肯定也有过这种经历，当你不再不停地结束任务和开始新任务时，你的工作速度会大幅提升。现在，你知道这是为什么了。

残留效应无法避免。因为这就是我们认知功能的运作方式，自律不可能改变人类大脑的工作模式。与一次性完成任务相比，在一天中分多次逐步完成任务将花费更多时间。这种做法的代价不只是浪费时间。你在专心致志地完成一项任务时，可以调动自己的注意力和能量，更快地完成工作。任务切换削弱了我们工作时的专注度，不仅增加了完成工作所需的时间，还降低了开展工作的速度。遵循OHIO原则就像是行动距离缩短一半，但行动速度是之前的两倍。

我们之所以会切换任务并且难以改掉这个习惯，是因为认知功能会像肌肉一样出现疲劳。大脑最先找到的借口是想要休息，就像运动员在训练时不想做最后5个俯卧撑一样。回复几封邮件、批准文件、阅读屏幕上的文章都是轻松的工作。这种任务的认知负担较小，相当于大脑不做最后5个俯卧撑，而是喝水休息一下。然而，我们不想承认这一点，于是便告诉自己阅读一封乏味的邮件也是工作，但事实上我们是在休息。

我在发现并了解任务切换本质上就是出现认知疲劳后，欣然接受了OHIO原则。我设定了一些节点，例如，不管我的大脑如何抱怨，我都要在某个任务上工作一定时间后才能休息，这与设定必须完成多少个俯卧撑才能休息的做法非常相似。

我们的大脑跟肌肉一样，确实需要时间恢复。但是，我休息的方式不是切换任务，这种休息方式不会产生多少缓解作用，我会做一些几乎无须集中注意力的事情。我会闭目养神十分钟，散散步，或清洗餐具。这样我可以更快恢复元气，还能更加精力充沛地重新投入重要工作。

擅长拒绝

我有位朋友在波士顿经营一家软件公司，对学习西海岸风险投资颇有兴趣。他问我能否为他引见一位经营著名风险投资公司的斯坦福大学同事。令我惊讶的是，我的同事拒绝了我的请求。最初，我对他的拒绝感到困惑不已。不过，他的态度反映了之前汤姆·斯塔格斯在斯坦福大学向我解释的道理。高绩效领导者认为，他们没必要阅读别人发给他们的所有文章，回复领英账号收到的每条主动联系信息，或单单因为斯坦福大学同事的请求就与某人共进早餐。我的这位同事是工作繁忙的风险投资人，如果他对所有希望"向他咨询"的会面请求有求必应，那他将没有时间完成对他而言重要的优先事项。

拒绝并不总是意味着你完全不能对他人提供帮助。与持续一小时的午餐相比，我更建议你花20分钟的时间跟请求者喝杯咖啡。这样既能满足他的需求，又能让你省下宝贵的40分钟。我的学生经常向我提出相同的问题，而我的回答也大同小异，所以我现在会先给他们发一篇包含相关背景信息的论文。虽然我们通话的时间缩短了，但对他们的影响和价值更大。

礼貌地表示拒绝没有任何问题，高绩效的领导者必须学会这项技能。拒绝有时会令你不安，一些人会在被你拒绝后心怀不满。但是，这并不是你无意间放弃最稀缺资源的理由。正如IBM（国际商业机器公司）前首席执行官郭士纳（Lou Gerstner）所言："永远不要让他人支配你的日程安排。"

充分利用时间

数月以来，我在给朋友凯瑟琳·盖尔发送邮件时总是收到自动回复："很抱歉，我正在做一个重要项目，无法回复您的邮件。"凯瑟琳以前经营过大型家族企业盖尔食品，如果你吃过在美国棒球场出售的墨西哥玉米片和奶酪，那它们很可能就是这家公司的产品。但她后来卖掉了这家公司，创办了政治创新研究所（Institute for Political Innovation），致力于改善我们混乱的政治体系。

如果每天的工作不断被打断，那就会导致更多的注意力残留（attention residue）。与残留效应相似，注意力残留是指上一项任务干扰下一项任务的状态。你在处理完重要客户的投诉后，这件事会继续占用你的部分注意力，你需要过一会儿才能在认知层面忘掉它。你不自觉地在任务之间来回切换，所以你的深度工作只获得了部分注意力，导致创造力低下和工作进展缓慢。

正因如此，你不可能在回复邮件、站在走廊上聊天和前往咖啡店这几件事的间隙开展深度工作。制订旅行计划、处理简单的电子邮件和做常规性决策确实是我们生活不可或缺的一部分，但这些任务几乎可在任何环境中完成。深度工作需要有意识地设定不被打扰的时间段，通常是几个小时，下一章将描述相应的技巧。

我后来问凯瑟琳有关邮件自动回复的事情，她解释说自己当时正在写一本书。[6] 写书是她的头等大事，她相信对她而言重要的人会理解的。接着，她惠赠了我一本卡尔·纽波特撰写的《深度工作》。[7] 纽波特是乔治城大学的计算机科学教授，他在书中介绍了浮浅工作和深度工作的区别，令我耳目一新。浮浅工作是指对注意力要求不高，不会创造太大价值的简单任务，可在几乎任何环境中快速完成。深度工作则需要发挥创造力和运用创新思维，撰写关于政治创新的著作就属于深度工作，要求不间断地集中注意力。

我们被浮浅工作吸引，因为它不仅简单，还会带来虚幻的满足感。然而，我们最重要的任务通常需要深度工作，例如，准备绩效评估、制订新的佣金计划、设计客户演示文稿或审查产品提案。这些工作以质取胜，而非以量取胜。

事务性邮件确实需要回复，酒店也确实需要预订。但是，纽波特证明，如果不加以限制，浮浅工作将消耗我们的注意力，挤占我们的深度工作时间。我最近看到一篇论文，一家软件公司禁止员工在周二、周四和周五相互打扰，这样软件工程师就能有更多时间写代码。这是在组织内部将深度工作以制度形式固定下来的完美例子。得益于这项规定，这家公司成功地将生产效率从47%提高到了65%。[8]

了解你的睡眠类型

心理学家用睡眠类型来形容一个人在特定时间睡着和醒来的倾向。它还决定了你在什么时候最适合完成哪种任务，包括深度工作和浮浅工作。

一天中，我们的体温、血压和褪黑素水平会根据昼夜节律、年龄、性别和基因出现波动。因此，有人晚上工作状态最好，有人上午工作状态最好。了解自己的睡眠类型后，你便可以发挥自己的优势了。如果你不清楚自己的睡眠类型，可使用科学的调查问卷来确定。[9]

如果你在一天快结束时会感到精力不济，那就将浮浅工作安排在下午，把上午留给创造性的工作。虽然你在看到收件箱未读邮件清零那一刻会感到满足，但不要把身体能量最充沛的时间浪费在支付信用卡账单上。先确定你在一天中最敏锐、最专注和最富有创造力的时间段，然后尽可能多地将这部分时间留给深度工作。就我而言，我把深度工作安排在上午。我的助理知道尽量不在上午安排会议，他会把行政工作或几乎不需要任何创造力的工作全塞到我认知技能变弱、大脑疲劳的下午。

改变环境

两年前，我决定改掉睡前吃 Milk Duds 牛奶巧克力豆的习惯。我喜欢在一天结束时品尝那个味道，但咖啡因和糖会影响我的睡眠。我试过少吃点，但收效甚微。夜复一夜，我想出新的借口，抓一把 Milk Duds 大快朵颐，结果第二天醒来又会对自控力不佳感到失望。许下要改变和提高的承诺并不难，但每天的诱惑像巨大的橡皮筋一样把我拉回原地。

如果我想少吃 Milk Duds，那我必须控制环境。B. J. 福格是斯坦福大学行为设计实验室的主任，也是《福格行为模型》一书的作者。[10] 他解释道："只有一种办法可以彻底改变你的习惯，那就是彻底改变你的环境。"有一次，我成功控制住自己，扔掉了一盒盒的 Milk Duds，还让妻子温迪别再买了。到目前为止，我"戒掉"Milk Duds 已经两年，但如果温迪在食品贮藏柜里放上一盒，我肯定还是会控制不住自己。

我们的工作习惯也是这样。我们会无法抵制诱惑——睡前吃巧克力，对每个占用我们时间的请求有求必应，任由简单的低价值工作打断对组织有价值的工作。我发现我在办公室很容易分心，所以我不会在办公室完成深度工作，并会把手机放在其他地方，就像扔掉 Milk Duds 一样。如果我不对环境加以控制，这些诱惑将一点点地消磨我的时间，那我就没机会改变了。

总结

几乎每家公司都对传统资产和资源的使用设置了限制。事实上，公司最重要的资源是管理者的时间，可设定相关使用标准的公司寥寥无几。因此，你一旦惜时"成癖"，应在整个团队内培养相同的"癖好"。试想一下，不单单是你，而是整个团队都缩减会议时间，每天多出 70 分钟，或者整个团队都为高价值工作留出整块的优质时间段，那将产生多大的力量啊！

如果你以团队为单位进行调整，谁都不会因为电子邮件没有在几秒钟内得到回复、会议只安排了 20 分钟或你礼貌拒绝他们的沟通请求而生气。等所有员工都不在餐桌上查看电子邮件的时候，组织内部就会出现复利效应。与你一样，他们知道自己已经在工作日挤出了尽可能多的时间，并将工作时间运用到了极致，所以会尽情享受下班后与朋友和家人相处的时光，精神焕发地迎接第二天的到来。

行动不等于进展

1. 先挤出更多时间。

    a. 将会议时间压缩到 20 分钟（原半小时）或 40 分钟（原 1 小时），每周可多出 8 小时左右时间。

    b. 任务切换会导致残留效应，这是导致你浪费时间的认知现实，可运用 OHIO 原则来解决。

    c. 擅长拒绝，仅在一定程度上满足他人对你的要求也是一种拒绝方式。

2. 将任务分成纽波特提出的浮浅工作和深度工作。了解两者的区别可以让你更好地安排一天的任务，充分开展这两类工作。

3. 充分利用时间：

    a. 挤出整块的时间段。

    b. 了解你的睡眠类型。

    c. 控制你的环境。

4. 工作的数量和质量息息相关。通过提高工作质量，你还可以增加完成的工作数量。

第 9 章

把握好每一天才能把握好每一个月

重要之事多半不紧急,紧急之事多半不重要。

——德怀特·D. 艾森豪威尔,

美国第 34 任总统（1953~1961 年）

我曾与约翰·塞里诺合作经营一家零售连锁公司,我们在美国 5 个州开设了 115 家门店。约翰最爱跟他的团队说:"把握好每一天才能把握好每一周。把握好每一周才能把握好每一个月。"他明白,成功来源于数百个高效工作日的积累。

时间是不可再生资源,所以每天都需要规划。不要在感到工作安排失去控制时才规划时间,正确的做法是持之以恒地对每一天进行规划。否则,你将在无关紧要的事情上浪费大量时间。不制订计划就不可能完成为组织增加价值的工作,因为你会浪费时间,飞蛾扑火一般不断被"吸引人的事物"和"着火的垃圾箱"⊖吸引——如果你真是飞蛾的话,那你绝不应该向火扑去。

这种飞蛾扑火般的行为是有原因的,它符合我们大脑的运转方式,要想改变这种行为,就要从以下这个方面着手。在进化过程中,人类产生了应对突然刺激的能力。这种刺激可能是迎面冲来的剑齿虎,也可能是专心觅食的瞪羚。在我们的大脑中,杏仁核负责调节情绪,它经过长时间的进化,促使我们更加关注眼下的紧急事件,这是人类得以存活并找到食物的关键所在。对人类意识而言,耕种或经营企业等依赖长期思考的活动相对较新。尼尔·刘易斯博士和达夫娜·欧伊瑟曼博士描述了这种现象背后的神经科学原理。他们解释说:"人们认为应该关注当下,而未来可以由未来的自己掌控。"[1] 这种说法比较委婉,更直白地说就是,我们的神经系统决定了我们会扑向着火的垃圾箱。如果没有计划,我们的本能反应就是解决任何紧急事件,不考虑其战略或战术上的重要性。为了抵消人类生理本能的影响,我们需要使用二战期间欧洲盟军最高司令艾森豪威尔和最负盛名的健康、健身名人拉兰内所制定的策略。

艾森豪威尔将军矩阵

第二次世界大战期间,德怀特·艾森豪威尔面临着应对各种紧急问题和赢得整场战争之间无休止的冲突。为了指导军队人员开展工作,他制定了广为人知的艾森豪威尔矩阵(见图9-1)。

⊖ 英文原文为"dumpster fires",本义为"着火的垃圾箱",引申义为"彻底失控的局势或绝望的境地",此处译文采用本义。——译者注

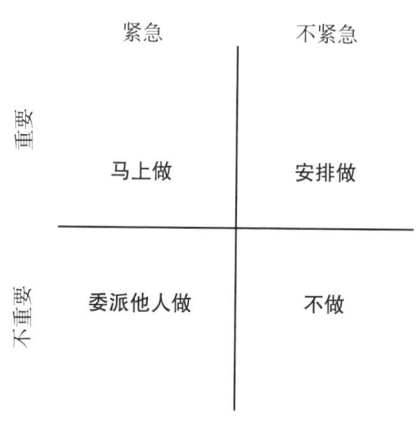

图 9-1 艾森豪威尔矩阵

如果不制订全天计划,那我们就会顺从生理本能,处理艾森豪威尔矩阵中第三、第四象限的任务。但是,要想打赢战争或管理好组织,你应将时间集中在第一、第二象限,最好是第一象限(右上)的任务。我们的天性与理想情况背道而驰,所以必须通过制定常规行动来抵消生理本能的影响。

这让我想到了健身专家杰克·拉兰内,他对彻底变革日常健身和健康领域做出了空前绝后的贡献。但他的秘诀并非开合跳或吃西兰花,而是培养常规行动。拉兰内每天生食 10 份西兰花,不是 9 份或 11 份,不多不少,就是 10 份。他明白,如果他的常规行动是"多吃蔬菜",那他每天摄入的西兰花就会逐渐减少,甚至可能被一把 Milk Buds 取代。拉兰内十分清楚,如果不培养常规行动,抵制诱惑形同空谈,我们会沉迷于 TikTok 或疲于应付低价值的员工紧急事件。

使用艾森豪威尔矩阵也是相同的道理。如果不培养常规行动,我们一到办公室就会被邮件包围,会不断有员工进来请示,会看到团队协作和沟通平台上频频闪现的消息。这一天将被矩阵第三、第四象限的任务占满。你安慰自己,明天是不同的一天。但是,可以想见,事实并非如此。正如塞里诺所言,把握好每一天才能把握好每一周。

安排常规行动

最初,我对安排自己每天的行动感到抵触。我说服自己,我天生自律又聪明过人,这些外部约束手段是为其他人准备的。但事实上,这种想法是傲慢和懒惰的表现,它使得我更随心情做事,而没有去做对股东会产生最大价值的事情。我还觉得培养常规行动的想法有些矫揉造作。但是,我的坚持没有让我的工作效率得到提高,我必须尝试一些新事物。

当我真正开始尝试时,我发现常规行动对培养一套新的习惯至关重要。所以,我想跟你聊聊我自己的常规行动。这并不是为了说服你相信我的这个方法,而是举例说明安排常规行动是多么快捷、简单的事情。

我尝试每天在相同的时间睡觉和起床。每天早晨,我在醒来后会泡相同的咖啡,坐在同一把椅子上啜饮。我按相同的顺序看新闻,每天限读25分钟。我在咖啡将我的身体唤醒后会冥想一小会儿。接下来,我会查看邮件,回复一些简单的信息,但不让自己陷入任何项目,我还会阅读文件附件或可能需要详细回复的信息。

之后,我会在Word文档上创建一个五列表格,安排一天的计划(见表9-1)。我试过(不少)需付费或免费下载的应用程序和规划软件,但还是更喜欢这种方式。

第一步,输入策略说明(见表9-2)。该项内容每天保持不变,用于确认我在实现季度目标方面需要采用的方式。你会发现,我的策略说明反映了本书提到的子技能，例如，坚持设置优先级和学会拒绝。我从不剪切和粘贴，我觉得就是要手动输入每个词语。

第二步，输入我的季度优先事项。这两步的意义在于，在我罗列当天的任务之前提醒我什么事情重要，以及我希望将时间集中在哪些方面。这是对艾森豪威尔矩阵保持专注的一种方法。

表 9-1　每日计划工具 1

日期	策略说明	第三季度优先事项	深度工作	浮浅工作
6月12日				
6月13日				

表 9-2　每日计划工具 2

日期	策略说明	第三季度优先事项	深度工作	浮浅工作
6月12日	尽可能地组建团队；将注意力集中在一小部分影响重大的目标上；尽可能多地听取意见；擅长拒绝	执行新的奖励计划 招聘销售经理 设计离职面谈流程		
6月13日				

第三步，按照纽波特深度工作和浮浅工作的分类写下所有任务（见表 9-3）。重点是把任务都写下来，包括你自认为肯定不会忘记的事情。有确凿证据表明，试图凭记忆记住待办事项列表会占用很大一部分注意力，还会干扰创造力。如果脑海中的待办事项列表太长，你会从中挑选当下想要完成的任务，导致在艾森豪威尔矩阵的第三、第四象限花费过多时间。制作待办事项列表还能缓解压力，因为事情写下来后肯定不会忘记，所以你对何时完成会更有信心。

我将不打算在今天完成的任务推后，这样就完成了务实的当日待办事项列表。一项有关 30 天乳房自检依从性的研究表明，指定何时自检的女性的依从率为 100%，而未指定的女性的依从率为 53%。一项相关研究要求正在接受治疗的上瘾人员每天练习写作。在制订了写作计划的上瘾人员中，80% 的人按时完成了练习，而未制订计划的上瘾人员几乎都没完成。

表 9-3　每日计划工具 3

日期	策略说明	第三季度优先事项	深度工作	浮浅工作
6月12日	尽可能地组建团队；将注意力集中在一小部分影响重大的目标上；尽可能多地听取意见；擅长拒绝	执行新的奖励计划 招聘销售经理 设计离职面谈流程	查看销售经理的简历 用头脑风暴法制订新的销售佣金计划	审核新的租约 联系管道工 安排销售经理面试时间表
6月13日			设计销售经理面试问题	取消飞往上海的航班 确定面试团队成员
6月14日			准备与注册会计师通话	

第四步，综合考虑我的睡眠类型、任务紧急程度和需要优先完成的深度工作后，按照我计划完成任务的先后顺序编号（见表 9-4）。按照确定的顺序完成任务，这样我就不会跟随本能去处理低价值的工作，也不会找借口推迟我想逃避的事情。

我喜欢将列表上的任务一件件划掉，这是有原因的。研究表明，当我们划掉任务时，大脑就会将它从短期记忆中抹去，释放出空间。这个动作还会刺激大脑分泌微量的多巴胺作为奖励，对提高计划执行力有所帮助。

表 9-4　每日计划工具 4

日期	策略说明	第三季度优先事项	深度工作	浮浅工作
6月12日	尽可能地组建团队；将注意力集中在一小部分影响重大的目标上；尽可能多地听取意见；擅长拒绝	执行新的奖励计划 招聘销售经理 设计离职面谈流程	1. 查看销售经理的简历 2. 用头脑风暴法制订新的销售佣金计划	5. 审核新的租约 4. 联系管道工 3. 安排销售经理面试时间表
6月13日			设计销售经理面试问题	取消飞往上海的航班 确定面试团队成员
6月14日			准备与注册会计师通话	

周六是我的放纵日。我在周六不列任何计划，想睡多久就睡多久，想做什么就做什么。这是我效率最低的一天，但放纵日会让我在一周的其余时间里更好地坚持完成常规行动。

现在，你可以清楚地看到，我每天早上只需要花几分钟时间来安排常规行动，不需要任何特殊应用程序或工具，也不需要对日常的工作事项进行重大调整。这个方法确实增加了我高效工作的时间，对我坚持优先级至关重要。

先吃掉青蛙

法国作家尚福尔写道："如果你的工作是必须吃掉一只青蛙，那最好一早起来就吃掉它。如果你必须吃掉两只青蛙，那最好先吃掉那只大的。"当我推迟一项令我不愉快的任务时,它会影响我的注意力和创造力。每当我想着要去做时,都会跟自己讨价还价,找借口拖延,同时提醒自己必须在某个时候吃掉那只青蛙。我也可以轻车熟路地逃避吃青蛙,或者就像詹姆斯·帕克发表在《大西洋月刊》杂志上的那篇文章中写到的那样:[2]

> 你在努力不去做一件事时,可以做其他五件事。你可以打扫房子;可以锻炼;可以写一本不该在这个时候写的书,但那毕竟是本书。如果你安排得当,那在你不做原本应该做的事情时,也可以实现高效甚至专业。

我发现,如果我尽早吃掉那只青蛙,那我当天不仅效率极高,还会非常快乐。如果吃掉那只青蛙不会影响我的深度工作时间,那青蛙消失之后,我就不用再想着它了。对我而言,我会先直接吃掉青蛙,将它从列表上划掉,分泌多巴胺,接着享受当天剩下的所有时光。

潜心工作

推特(现更名为"X")的联合创始人杰克·多尔西会给每天确定一个主题。[3] 例如,周三是营销和沟通主题日,周四是开发人员和技术主题日。他之所以这样做,是因为在从事单一主题的工作时,你的创造力和生产力曲线会呈指数级增长。

如果你持续关注一个问题,那你的创作过程也会产生复利效应。这是因为创造性思维与逻辑思维或数学思维有所不同。人类大脑更像是一个由"短电路"构成的网状结构,而非单一通路。"电线"在意想不到的位置交叉,迸发出思维的火花,形成"短电路",产生重要的想法。所以，有句话说得好，一个想法会引出另一个想法。思维的火花在神经元之间跳动，所以旧的想法是产生新想法的必要条件，新旧想法相结合就能实现突破。我们将这时产生的能力称为"创造力"。在注意力集中时，你会同时激活相互连接的"电线"，形成创造性的"短电路"，产生创造力。

创造力的燃料是大脑获取先前刺激的能力，比如刚刚读过的一段话或初具雏形的想法。这些记忆存储在神经网络中，依赖于大脑边缘系统的传送模式或关系。[4]杏仁核就像一个调度站，如果我们效仿多尔西一整天都关注营销的做法，让杏仁核充满单一主题的信息，那就能建立更多相关信息的通路，并创造出产生创造性想法和突破的"短电路"。

虽然你不必也不可能整天都关注单一主题，但你可以将类似主题的工作集中在相邻的时间段。下面我们回过头来看看我一天的计划。我将运用神经学知识，同时调整确定面试团队成员（浮浅工作）与设计销售经理面试问题（深度工作）的顺序（见表9-5）。

表9-5 每日计划工具5

日期	策略说明	第三季度优先事项	深度工作	浮浅工作
6月12日	尽可能地组建团队；将注意力集中在一小部分影响重大的目标上；尽可能多地听取意见；擅长拒绝	执行新的奖励计划 招聘销售经理 设计离职面谈流程	1. 查看销售经理的简历 2. 设计销售经理面试问题	5. 联系管道工 4. 安排销售经理面试时间表 3. 确定面试团队成员 6. 取消飞往上海的航班
6月13日			用头脑风暴法制订新的销售佣金计划	审核新的租约
6月14日			准备与注册会计师通话	

虽然面试问题不是立马就要使用，但我可以在看完应聘者简历后立即设计问题。这样安排有两大好处：其一，我不必浪费时间重新阅读简历；其二，我可以潜心工作，几乎肯定会设计出更深刻的面试问题。面试计划的这种分类方式提高了我的工作质量，消除了不必要的任务切换，挤出了更多时间，因此我可以利用多出来的这部分时间，将取消飞往上海航班的任务提前。

完成大于完美

谢丽尔·桑德伯格是 Facebook（现更名为 Meta）前首席运营官，她说过一句名言："完成大于完美。"就像我们逃避吃青蛙一样，我们会被自己喜欢的工作吸引，然后在上面花费太长时间。为了说明桑德伯格的观点，请想象这样一条曲线，x 轴代表任务花费的时间，y 轴代表工作的质量（见图 9-2）。最终，当额外努力产生的增量价值极小或出现收益递减时，曲线的斜率就会减小。但是，我们喜欢这项工作（或想要逃避列表上的下一个任务），所以会继续做下去，白白浪费时间。

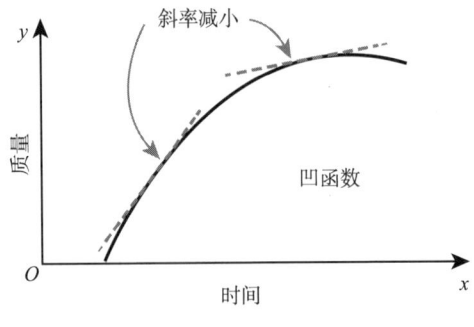

图 9-2　完成 vs 完美曲线

就拿我来说吧，我很享受写作，包括写邮件。我经常发现自己在写邮件时会编辑和修改一些细枝末节的内容，努力写出完美的邮件。但事实上，收件人只会匆忙扫读邮件内容，我所有海明威式精雕细琢的修饰不过是自我陶醉而已。问题在于，我只是个普通人，无法控制住自己。我需要给自己设置一些限制，因而我经常给自己喜欢的任务设定时限。

多思勤想

在创立 IBM 之前，托马斯·沃森在计算制表记录公司担任高级经理。在一场效果不佳的销售会议上，沃森沮丧地大声说道："我们所有人的问题都是思考得不够多，可是我们之所以获得报酬，就是因为我们动脑筋工作啊。"接着，他在黑板上用英文大写字母写下"THINK"（思考）。就这样，他将思考作为工作理念的支柱，并在最终创立 IBM 后将公司内部杂志命名为 THINK。

我在亚胜公司担任董事时亲身体会到了思考的力量。随着时间的推移，亚胜公司规模不断扩大，在 14 个国家（地区）拥有 2.3 万名员工。公司之所以取得成功，原因之一是首席执行官凯文·塔维尔致力于确保自己有时间思考。凯文懂得不将行动与进展混为一谈的重要性。时至今日，他仍然觉得把脚跷在桌上、眼睛凝视窗外是他工作的关键部分。

找时间思考并不难，你可以在排队买咖啡时不看手机短信，将这部分时间用来思考，也可以在读完报告后留一点时间思考刚读过的内容，等等。思考的本质是在出席会议前停下来休息一下，整理自己的想法。到处奔忙可能会给人一种自己正在前进和自己举足轻重的感觉，但那不过是办公室演技。你有关最重要工作的想法往往诞生于开车回家、散步或凝视窗外的时刻。

总结

你不必完全按照我的模式安排自己的一天，你可能不会在早上手动打出策略说明或冥想。但是，如果你想把握好每一天、每一个月的话，那你的工作流程必须包含一些普遍要素。其中涉及的子技能包括：制订日计划；培养常规行动；先吃掉青蛙；将类似项目安排在相邻的时间段；挤出深度工作时间；避免任务切换；找时间思考；记住完成大于完美。

在运用这些技能后，我有一项意想不到的收获：我对生活高度满意，日子过得很充实。换言之，我变得更快乐了。我在工作之余有了更多的私人时间，专注力和注意力也有所提高，跟朋友聚餐时不会在他们点菜的间隙查看邮件，阅读了更多的书，养成了定期锻炼的习惯，在与孙辈玩耍时全情投入。我把每天都安排得井井有条，所以总能今日事今日毕，也更有可能顺利完成每个月的工作。

如果不珍惜时间，那我们的一部分生命就不会产生太大的价值。梭罗注意到了这些任务（他称为"商品"）对我们灵魂的影响。他认为，时间是我们所拥有的最重要的东西。不计后果地放弃一天的部分时间，就是在放弃一部分生命。或者，正如梭罗所写："在我看来，商品的价格就是你用来换它的那部分生命，有的是立刻就能换到手，有的需要你慢慢偿还。"⊖

⊖ 此处引文的译文出自天津人民出版社于2013年出版的《瓦尔登湖》李继宏译本。——译者注

把握好每一天才能把握好每一个月

1. 时间是不可再生资源,为每一天制订计划,不能有例外。
2. 负责调节情绪的杏仁核会使我们更加关注眼下的紧急事件(即吸引人的事物和着火的垃圾箱)。
3. 按照艾森豪威尔矩阵对任务进行分类(见图9-1)。
4. 确定常规行动是规划每一天的必要条件。
5. 每天写下自己的策略说明和季度优先事项。
6. 将任务分为浮浅工作和深度工作。
7. 按照你计划完成任务的先后顺序编号,编号时考虑你的睡眠类型。
8. 设置任务的完成时间,这样你就不必花精力去记住它,并且你知道自己肯定能完成。
9. 潜心工作:将任务按主题分类。
10. 先吃掉青蛙。
11. 挤出思考的时间,你将在这段时间内为组织创造最大价值。
12. 请记住,完成大于完美。

第10章

应对数字灾难

> 在你故意逃避自己应该做的事情时，一天就这样溜走了。
>
> ——比尔·沃特森，
>
> 美国卡通漫画家

高管们收到的大部分信息都来自邮箱，而非计算机或手机。我们每年收到的邮件数量约1000封。如今，这个数字已增至3万！[1]在我们收到的这些邮件中，有40%的邮件毫无用处，但我们每天大约有5个小时都在做单调乏味的邮件处理工作[2]。这意味着，我们每天会浪费2个小时处理毫无意义的电子邮件，此外还有短信、语音邮件和其他沟通平台信息等着我们处理。原本应该帮助我们节省时间、提高效率的发明变成了生产力的枷锁。

当下，中国已成为全球最大的社交媒体市场。中国网民平均每天花费116分钟使用社交媒体，并投入同等时长阅读新闻。这意味着中国职场人士平均每天要花费近4小时浏览新闻和参与社交媒体互动。㊀

随着通信成本直线下降，通信便利性大幅提高，向十几个人发送电子表格或三十页的演示文稿简直易如反掌。在定义效率时，我们越来越多地着眼于是否有能力处理塞满了他人要求的收件箱，而非专注于自己认为重要的事情。麦肯锡发表过一篇标题十分贴切的文章：《我们都这么忙了，为什么还是什么任务都没完成？》（"If we're all so busy, why isn't anything getting done?"）。这篇文章指出："互动变得前所未有地容易，但真正富有成效、创造价值的沟通却不然。更重要的是，即使存在沟通，其质量也正在恶化。这浪费了宝贵的时间资源，因为花费在低价值互动上的每一分钟原本都可以被用于重要的、富有创意的且有影响力的活动。"[3]

多年来，我一直认为这些干扰是现代社会不可避免的诅咒，直到我看到哈佛商学院的一项研究。在这项研究中，研究小组对27位高绩效首席执行官进行了3个月的跟踪调查。[4] 研究小组以15分钟为单位，分析了这些首席执行官是如何度过一周7天、一天24小时的。最终总共收集了6万小时的数据。研究发现，最高效的首席执行官绝不会让邮件和其他形式的数字通信占据其时间和注意力。我在深入研究的过程中发现，他们的秘诀并非切断与现代世界的联系，而是借助一些很简单的习惯和做法。

多巴胺与持续分心

"注意力"项目（Attention Project）创始人琳达·斯通写道："注

㊀ 资料来源：Statista网站。

意力是人类精神最强大的工具。"她在研究中明确了被她称为"持续分心"的概念，揭示了多重任务处理背后的奥秘。我们先来了解一下认知任务和机械任务之间的区别。[5] 边煲汤边打电话属于多重任务处理。边在跑步机上跑步边听播客也是。在这两种情况下，我们在单独完成一件事情所需的时间内完成了两件事。这种情况千真万确，因为其中一项是认知任务，另一项是机械任务。

相比之下，要想同时做两项认知任务就无法实现了，例如，边参加会议边阅读邮件。这是因为我们只有一个大脑额叶，而大脑会逐个处理认知任务。认知工作不可能并行处理。我们可能以为自己是在同时进行两项认知活动，但事实上我们是在两项任务之间快速地来回切换（瞬时任务切换）。这种方法效率低下，还不利于集中注意力。与边煲汤边打电话不同，你不可能一边听一边说，或者一边写作一边做数学运算。这不是可以习得的技能。你的额叶每次只能发出一个认知信号。

我们说服自己我们的效率有所提高，但事实上我们只是在多巴胺的作用下来回切换任务。我来解释一下。多巴胺是让人感到愉悦的神经递质，我们的大脑在渴望或得到犒赏时就会分泌多巴胺，例如，我们在得到巧克力、参与大促销或发生性行为时，大脑会分泌多巴胺。多巴胺还能提高警觉性、注意力和积极性。正因如此，大学生们在校园里熬夜苦读时首选可以提高大脑多巴胺分泌水平的药物"阿得拉"（Adderall）。我们从回复短信甚至删除垃圾信息中获得的满足感也会刺激多巴胺分泌。我们在感到无聊或手中的工作没有吸引力时就会去看邮件。这时，我们的满足感并非来自完成了一些有用的事情，而是因为我们体内有微量的多巴胺。

在工作时，有84%的人一直不关闭电子邮件应用程序，[6] 方便他们在开会、阅读枯燥的40页租约或研究新的医疗保健计划时，不时地将注意力转移到电子邮件上。我们跳过难以回答的邮件，只读简单的；删除垃圾邮件、点击新闻链接或删掉一些已回复邮件。如果我们在吃晚餐时收到短信，就算同桌吃饭的人正在说话，我们还是会抑制不住地想要阅读短信，就算我们知道这样做很没礼貌。这就是受多巴胺的影响。社交通信会刺激多巴胺的分泌，无论是邮件、短信还是Instagram上的帖子：有人在跟我通信……这感觉太棒了。

虽然多巴胺让你在当下感觉很好，但它对组织几乎没有价值。莎拉·佩克刊登在《哈佛商业评论》上的文章总结道："迅速发送信息的能力让我们产生自己举足轻重的错觉，导致我们不愿花时间认真思考各种想法，把工作都推到别人头上，不去尝试自己解决问题。"[7]

每天挤出 80 分钟

我们已购和已下载的一些生产力提升类应用程序和软件对我们的生产力造成了损害，目前市面上也有数不清的付费和免费应用程序和软件可用于消除这种负面影响。我在阅读哈佛大学对 27 位高绩效首席执行官的研究后得出一项结论：面对工具损害生产力的问题，解决之法并非购买更多的技术，而是要化繁为简。最出色的管理者无法容忍令沟通变得更加复杂的最新工具和应用程序。他们都开展了四项适度改革，效果立竿见影。就我而言，我的方法是每天挤出 80 分钟的高质量时间。

降低查看消息的频率

我聘请过一名美国前陆军上校担任地区副总裁，他在服役时曾与一个高级军官团队合作策划过进攻伊拉克的计划。他在一次聊天时告诉我，他每天只查看 3 次电子邮件。我觉得不可思议，因为我们大多数人有 70% 的邮件是在收到后 6 秒内[8]被打开的，我们的手机每天解锁 80 次。[9]我问他，他是如何在不频繁查看邮件的情况下设计出复杂军事行动的。他直截了当地回答说："我收到的邮件没有一封需要在 3 小时内回复，我们策划的可是一场军事进攻啊。"

我们频繁查看邮件或其他沟通工具，主要是为了逃避深度工作或我们不想完成的任务。在这个过程中，我们必须承受任务切换的代价，同时无法享受潜心工作的益处。有两个简单的步骤可以大幅降低我们查看消息的频率，其核心就是控制环境。

首先是关闭电子邮件、短信和其他电子信息的提醒功能。按照设计，提醒功能就像是极具诱惑力的多巴胺"怪物"，一有新消息便大喊："别工作啦，快来阅读新消息呀。"不要假装你的意志力足以抵抗诱惑，直接关闭通知，控制环境。

其次是在回复信息后关闭邮件和沟通软件，进一步控制环境。然后，设定下次查看的时间。我的目标是每天查看邮件 4 次：早上 1 次，工作时间 2 次，下班前 1 次。这样一来，所有邮件都能在 3 小时内得到回复。如果这个要求太高，可以每小时查看一次信息，查看后务必关闭应用程序。在回复消息时留心观察，如果你不急着回复，再等上一小时，结果是否会有所不同。很快你会发现，每天 4 次已经够频繁了。毕竟，你策划的可是一场"军事进攻"啊。

果断退订

"垃圾邮件"（spam）一词源于 1970 年巨蟒剧团（Monty Python）以餐厅为背景的一出喜剧小品。这家餐厅坐满了维京人打扮的食客，另外还有两名顾客想要点早餐。菜单上的每道菜都有 Spam 罐装午餐肉，就连热月龙虾⊖也不例外。在这出喜剧中，Spam 罐装午餐肉无处不在，无法回避，不受欢迎，垃圾邮件就像它一样令人生烦。

多年来，我对这些强制喂食的"电子午餐肉"不以为意，因为点击删除不会浪费多少时间。但在撰写本书时，我决定留意自己的表现。我发现，这些"电子午餐肉"供应商颇有能耐。我不但没有删除这些邮件，反而比想象中更容易上当。事实上，这一切都合情合理。当我点击浏览突发新闻时，我看到的并非必须立刻关注的重大新闻事件，而是一些营销内容，引诱我放下工作去浏览广告。只要我上当，里面的图片、视频、其他链接和相关新闻就会不断地吸引我的注意力。我每天在处理垃圾邮件上浪费了多达 37 分钟！

我想我应该为自己只浪费了 37 分钟感到庆幸。2020 年，美国人平均每天花费在社交媒体上的时间为 147 分钟，与 2012 年相比增加了 90 多分钟，增幅惊人。[10] 究其原因，干扰变得越来越强，越来越有效。对这个情况的认知事关重大，因为治疗瘾症最重要的步骤就是接受这样一个事实：有一些经济力量希望引起我们关注。我们日益成为反复踩踏硅板、刺激多巴胺分泌的现代实验室小白鼠。社交媒体"贩子"确实手段高明，他们跟踪我们的每次点击，分析网站上令我们流连忘返的因素。《大西洋月刊》刊载的一篇文章中，乔什·马歇尔这样写道："出版物长期供过于求，竞相追逐金额固定的广告费。"[11] 这意味着社会上掀起了一场经济"军备竞赛"，诱惑我们放下生产工作去浏览广告。

我们根本不是硅谷天才们的对手，他们的谋生之道就是想办法以电子方式"拍拍"我们的肩膀，问"有空吗"。唯一的办法就是控制环境。在取消新闻订阅通知的同时，还要果断退订邮件列表上的所有非必要内容。

⊖ 热月龙虾是一道法式菜肴，龙虾肉用浓郁的酒汁煮熟后塞回龙虾壳，再加酱汁焗烤而成。——译者注

现在，在采取了这些行动后，我得以每天按自己的时间表来看新闻了。我在有需求时主动消费、选择订阅内容，而非让算法向我推销。我抵住诱惑，不去阅读与我的优先级不符的最新博客、帖子和时事通讯。总体而言，果断退订让我每天节省了 37 分钟。

删除、回复、推迟处理

据估计，就须回复或处理的邮件而言，在阅读部分内容后推迟处理或重新安排时间处理的比例达 37%。[12] 数字通信是最适合运用"一次性完成"原则的领域。据《哈佛商业评论》估计，如果不运用这项原则，每天将浪费 27 分钟：[13]

> 在查看挤满新邮件的收件箱时，我们往往会忍不住重复阅读邮件。只要它们在里面，我们就会去读……如果每天花 15 分钟查看收件箱，每封邮件只花 4 秒（阅读预览文本平均花费的时间），并且只重读 10%（根据适合一般计算机屏幕的信息数量进行估计），那每天将损失 27 分钟。

对每封邮件的处理，你有三个选择，要么删除，要么回复，要么推迟处理，仅此而已。先尽量删除或回复，但对于必须推迟处理的邮件，不要将它们留在收件箱里，否则你每天将浪费 27 分钟。相反，可在待办事项列表上设定未来处理的时间，或者使用推迟回复的电子邮件工具，直至你确信可以一次性完成回复。

提高邮件沟通效率的五大原则

建立合适的组织文化，表明你将有效使用邮件和沟通工具的态度。坚持五大简单原则：

1. 仅向需了解邮件内容或将根据邮件信息采取行动的人员发送邮件。虽然我们可以轻松添加收件人，但不应以此为借口，强迫他人浪费时间阅读与自己工作不相关的邮件。

2. 在使用"回复全部"功能之前，检查收件人列表，删除可能会认为邮件信息用处不大或与自身工作不相关的收件人。

3. 在添加附件时务必有所取舍，除非所有内容都必不可少。如果演示文稿只有数页与主题相关，只发送这几页或提醒只阅读这几页即可。

4. 在沟通过程中新话题会逐渐出现，电子邮件的标题也会随之改变。这时，应创建新的电子邮件标题和主题标题。冗长的电子邮件字符串是一种数字自私行为，发件人可以省下重新编辑收件人列表或主题标题的几秒钟时间，但收件人不得不重读之前的邮件主题。

5. 如果只需要一个人的回复，就不要向多人提出相同的问题。在这场数字活动中，发件人掌握着主动权，选择对自己而言轻松的方式将浪费他人时间。

这五项提高邮件沟通效率的原则无可争辩，只要花不到两分钟的时间将本页的截图发给整个团队就能轻松执行。

总结

迈克尔·曼金斯、克里斯·布拉姆和格雷格·凯米在《哈佛商业评论》上撰文指出，我们现在的沟通成本很低，这种情况带来了不利结果："随着一对一和一对多通信的增量成本下降，互动量急剧增加……如果任由这种趋势发展下去，那高管们很快就要每周花一天以上的时间来管理电子通信了。"[14] 这一时刻已经到来。

因此，在整个组织内推行提高邮件沟通效率的行动至关重要。你掌握自己的电子通信控制权是一回事，整个组织都做到这一点是另一回事。想象一下，如果你的整个组织都能掌握电子通信控制权，那将产生怎样巨大的影响。在这个竞争激烈的世界里，高效的电子通信可以成为竞争武器，帮助你超越对手。当你用心管理自己的高绩效团队，而竞争对手却每周花三分之一的工作时间阅读新闻消息、关注好莱坞八卦、在重要会议期间浏览文本时，你的团队将完成工作，在市场上击败竞争对手。

应对数字灾难

1. 人类不可能同时处理两项认知任务。快速切换任务并非在同时处理多重任务。
2. 不要将多巴胺的分泌误认为生产力。
3. 将查看消息的频率控制在每天四次，查看消息后关闭电子邮件软件。
4. 取消消息提醒通知，并在邮件列表上果断退订非必要内容。
5. 对于电子邮件和沟通平台的信息，在以下行动中三选一：删除，回复，推迟处理。这是电子版的"一次性完成"原则。
6. 在整个组织内建立有效开展数字通信的文化，向整个组织发送提高邮件沟通效率的五大原则：

   a. 仅向需了解邮件内容或将根据邮件信息采取行动的人员发送邮件。

   b. 在使用"回复全部"功能之前，检查收件人列表。

   c. 在添加附件时务必有所取舍。

   d. 随着主题的逐步发展，适时使用新的电子邮件标题。

   e. 如果只需要一个人的回复，就不要向多人提出相同的问题。

第11章

七步组织成功会议

> 如果一个男人可以在亲吻漂亮女孩时安全地开车,那他肯定吻得不够深情。
>
> ——阿尔伯特·爱因斯坦

会议没能按时开始,也没能按时结束;组织者花费大量时间向参会人员介绍背景信息;发言人发言时间过长,演示文稿结构混乱、内容重复;视频参会人员假装全神贯注,偷偷处理一些电子邮件;会议未能做出任何前瞻性决策。艾米·邦索尔在《哈佛商业评论》上撰文指出:"会议价值丧失殆尽",新冠疫情加剧了这种情况:[1]

2020年,线上办公模式引发了一个问题,该问题并未随着线下办公的恢复而消失。我们与同事的互动统统变成了视频通话,我们的工作变成了事务性质的俄罗斯方块游戏:琢磨哪里可以见缝插针地安排这场或那场会议？（另外，）这个俄罗斯方块游戏变得更复杂了。

贝恩咨询公司的一项研究发现[2]，高管们每周花费在会议上的时间高达23个小时，其中50%的会议"效率低下"或"效率极低"。[3]早在疫情发生前，情况就在恶化，会议时间每周增加了10多个小时。[4]究其原因，有了共享日历和排程工具之后，人们可以更轻松地安排会议和邀请更多人参会。如今，视频会议和手机完全普及，这意味着阻碍我们召开会议的限制因素几乎没有了。

其实，这种情况并非无法改变。谢丽尔·桑德伯格和杰夫·贝佐斯等领导者都非常注重召开团队会议的时间和方式。本章将介绍七个简单步骤，采用全部七个步骤可以保证缩短会议时间并显著提高效率。

1. 设定会议目标

大部分会议的通病是花费大量时间介绍背景信息，真正用于研究如何做出更好前瞻性决策的时间极少（见图11-1）。

要解决这个问题，一个简单的办法是在组织每场会议前首先回答下面这个问题："我们要解决什么问题，或者我们要抓住什么机会，我们每个人如何为实现目标做出贡献？"如果会议组织者心中没有答案，那么召集颇有价值的人员开会可能导致浪费一小时。为了说明这个简单的问题有何影响，下面我们来看一个示例：

> 今天，我们开会的目标是解决发货延误的问题。希望在会议结束时，我们能够制订出将按时发货率提高17%的计划，以及相关人员的任务职责列表。

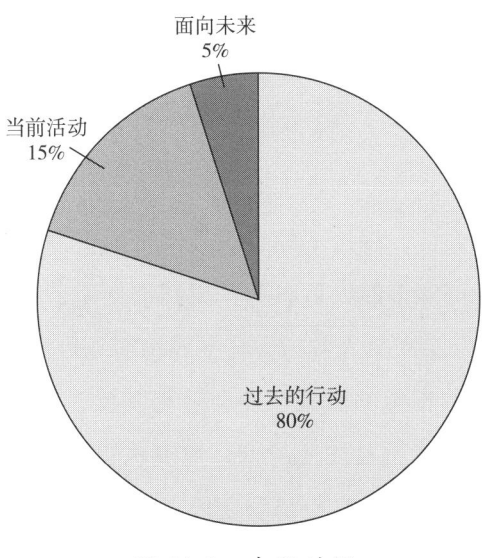

图 11-1 会议时间

这种说明可以确保会议围绕特定目标展开。这样一来，会议组织者在提供背景信息和讨论历史结果时也会有所取舍，仅提供和讨论有助于解决问题的内容。在明确目标后，会议组织者将推动会议朝着确定前瞻性行动的方向发展，防止会议因参会人员讲故事、言语重复或提供不必要的信息而偏离主题。这种缩小重点的方法有助于将 1 小时的会议缩短为 40 分钟的高影响力会议。

在你提供背景信息并讨论历史结果时，考虑如何以最佳方式传达信息。与提供会前备忘录等其他方法相比，在会上提供背景材料会致使会议进展缓慢，效果较差。如果发言人没有花时间整理会前备忘录，前来参会时也没有完全做好准备，那他将在会议上花费很长时间介绍背景信息。为了解决该问题，奈飞公司要求提前以备忘录形式提供所有材料，将会议时间主要用于对话和解决问题，而非浪费在演示文稿的讲解上。奈飞的早期数据显示，采用这项措施后，会议数量锐减了 65%。[5]

2. 有意识地选择参会人员

如今，我们可以轻松添加参会人员，移动和视频技术极大地方便了我们的工作，但这种便利性削弱了生产力。会议组织者只须敲击键盘就能添加参会人员，浑然不知组织最宝贵的资源正在被消耗。组织者通常会邀请尽可能多的人员参会，想到谁便邀请谁，不会思考怎样才能在尽量控制参会人员人数的情况下成功实现目标。

这不仅会导致资源的滥用，还会适得其反，降低会议的有效性。参会人数越多，决策质量往往越低，速度也更慢。你还必须考虑到，并非每位参会人员都必须参与整场会议。会议议程应经过设计，方便参会人员只参与跟自己相关的部分，不必参与其余话题的讨论。

谷歌联合创始人拉里·佩奇要求所有参会人员都积极参与。这就排除了非必要人员参会的情况。不过，我有名学生曾对此提出质疑，理由是邀请一些人作为观察员参会有助于培养长期人才和创造兼容并包的文化。如果你召开会议的目标是培训人员和提高能力，那就要明确主题，鼓励或要求这些人员发表意见，积极参与，还要花时间讨论他们的收获。如果强制要求团队成员参与完全不相干的会议，那他们难免沉默枯坐，心生沮丧，最终阻碍行动。

3. 提前准备背景信息备忘录

与奈飞相似，在亚马逊公司，杰夫·贝佐斯要求会议组织者在组织每场会议时首先准备简短的背景信息备忘录。备忘录内容应简洁，有效说明会议目标，仅提供实现目标所需的必要信息。提供备忘录可缩短会议时长，提高演示文稿讲解的质量，使参会人员一开始就能掌握简要的背景信息，做好专注于总体目标的准备。

在准备备忘录时，不要采用幻灯片等注重图形技能、忽视实际内容的文件格式，这种文件往往充斥着不相关的项目符号，以及毫无意义、难以理解的复杂图表。为了给参会人员留下深刻印象，组织者可能会卖弄才能，在备忘录中使用大量数据，这种行为必须明令禁止。不要提供原始数据，仅提供有助于会议实现目标的数据。真正透彻理解会议主题的组织者是能够利用有限数据实现会议目标的人，而非能够提供丰富数据的人。

4. 选择会议主持人

在收到苏联正在古巴部署导弹的消息后，美国时任总统约翰·F.肯尼迪召集军事助理、内阁成员和其他政府官员开会。他明白，如果由他亲自主持会议，那参会人员肯定会在发表看法时顺从他的意见。为了做出最佳决策，他精心安排会议，无论参会人的军衔、职级如何，都确保所有人员平等参与。[6]肯尼迪不希望人们因礼节而听从他的意见，选择由他人担任会议主持人。

把控流程肯定是这名会议主持人的职责，但确定最终决策未必，二者并非密不可分。你会发现，当会议主持人并非最资深的人员时，解决问题的效果往往更好。领导者不应亲自主持每场会议。要想组建规模庞大的组织，你必须指导和培养领导团队。你应不时将主持任务交给其他人员，并观察他们组织会议的效果，这样才有机会指导他们提高会议主持技能。

主持会议是一项技能。身为领导，你有义务提高和教授这些技能。最出色的主持人知道在积极推进会议的同时，要避免打击参会人员的积极性。啰唆的参会人员不仅会浪费所有人的时间，还会让整个会议室气氛沉闷。主持人必须勇敢地对他说："我觉得你已经讲得很清楚了。如果没有什么需要补充的，我们下面就请罗宾发言吧。"如果有人提出与当前主题无关但重要的想法，那主持人可以先将这些想法记录下来，稍后再进行讨论，就像先把车停在停车场那样。

熟练的主持人会引导不太愿意发言或持相反观点的参会人员开口说话。方法很简单，就是请说话比较委婉的参会人员发表意见或引用其他人之前表达过的观点，主持人可以这么说："桑吉夫，上一个观察结果好像跟你之前发表的观点相反，我觉得你的观点挺有趣的。你如何解决……"

在这个过程中，你要确保主持人将做出正确的决策放在首位，而非仅仅考虑社交礼节。你是组织的掌舵人，这意味着你必须质疑团队成员的一些想法，并敦促团队向前。一支田径队必须相互敦促才能赢得比赛，组织决策也是同样的道理。贝佐斯这样写道：

> 即使这样做会让领导者感到不自在或筋疲力尽，他们还是有义务礼貌地对自己不赞成的决策提出异议。领导者要有信念，有毅力，不能为了社会凝聚力而选择妥协。[7]

同样的道理，主持人需要知道该在何时结束会议，而不是机械地在预约的会议截止时间宣布散会。组织富有成效的会议将带来回报，不过这项回报并非在剩余时间内讨论结构凌乱的新主题，而是提前散会。在每场会议开始时，Facebook前首席运营官谢丽尔·桑德伯格总会提醒团队这场会议的目标，她将目标全部写在白板上。每实现一个，她便划掉一个。所有目标都划掉之后，会议结束。

5. 澄清问题

在任何讨论之前，参会人员须就当前事实达成一致。美国前参议员丹尼尔·莫伊尼汉说过一句名言："任何人都可以有自己的观点，但事实就是事实。"[8] 会议一开始，首先澄清问题，主持人依次请在座人员发言，如此一来，所有人都有机会提出问题。

现在还不是深入讨论想法、发挥创造力或提建议的时候，只须澄清背景信息备忘录的任何内容。为此，主持人必须把控对话的方向，确保问题说明不会转化为意见表达或讨论。在团队适应了这种会议节奏之后，主持人需要约束渴望发表意见、提供创意和提出建议的人员，直到所有问题都已澄清：

> 基汉，在开始讨论之前，我们先来澄清问题。我把你的意见都记下了，等我们澄清完问题之后会马上回过头来讨论。

6. 表达想法和观点

在团队了解会议目标，并有机会澄清所有问题后，便可以尝试做出面向未来的有效决策了。在这个过程中，主持人可以开始非结构式对话或请每个人发表观点。最常用的方法是允许大家根据自己的选择自由发言。不过，资历更深或自信心更强的人员可能会占用太多的发言时间，导致观点表达的不平衡，因此有些好想法和挑战可能会被遗漏。

为了听到更多的不同意见，主持人可以选择按资历排序，从资历最浅的人员开始依次发言（我们在开会时通常采取这种方法）。这种做法可以降低人云亦云的可能性，否则参会人员可能会说一些他们认为上司想听的话，或者同意上司做出的决策。

作家恰克·帕拉尼克曾说过，倾听并不是等着轮到自己发言。但是，如果会议上很多人都在抢着发言，那这种情况难以避免。因此，应制定流程，让所有参会人员知道主持人会在进入下个话题前请所有人参与讨论，这样参会人员就能全神贯注地听其他人发言，不必分散注意力寻找参与讨论的契机。在切换话题之前，主持人要询问团队成员是否想要发言，以确保所有人都有机会提出想法，减轻参会人员寻找契机参与讨论的压力，并提高他们对他人观点的关注度。

7. 总结行动事项

主持人必须引导对话，实现会议的既定目标。这意味着在进入另一主题或结束会议前，主持人应总结团队已做出的决策，并请所有人对总结内容予以确认。这个步骤只需几秒就能完成，却是会议成败的关键。

会议结束后，组织者应跟进会议内容，向参会人员发送一份简要的书面总结，通常采用电子邮件或简短备忘录的形式。艾尔弗雷德·斯隆是通用汽车最具影响力的领导者，他的备忘录采用以下简单格式：[9]

- 会议做出了什么决定？
- 我们将采取哪些行动？
- 这些行动由谁负责？
- 什么时候完成？

备忘录不是会议总结，谁都不会有时间再看一遍自己在会上说过什么话。真正重要的是这四个简单问题的答案。以书面形式提供备忘录，这样就可以消除大多数的误解，建立每场会议都要制订行动计划的公司文化，并用少数几个重要的句子总结前瞻性信息。

总结

要想制定会议进程的规范，需要整个组织通力合作。但由于几乎所有人都认为会议价值丧失殆尽，建立会议框架往往会遭到抵制。

挑战这一困境。会议进展不顺是懒于准备的结果。在原本就有瑕疵的流程基础上进行小幅调整的风险太大。首先在公司内部形成当前会议流程几乎没有价值的共识，然后要求所有人员在 100 天试行期内应用本章的七个步骤。不要争论这些步骤，只要接受目前的流程已经失去价值，并以这些步骤作为新基准即可。

在这个过程中，团队以前那些令人懊恼的旧习惯可能会故态复萌。请抵制住诱惑。你的团队需要先见证这七个步骤的好处，才能知道在哪些方面做出改变。在 100 天之后，向团队介绍彼时的情况，并决定是否需要或哪些方面需要做出调整。随后建立终极会议设计原则，并将它们融入日常的工作习惯。

七步组织成功会议

1. 设定会议目标。"我们要解决什么问题，或者我们要抓住什么机会，我们每个人如何为实现目标做出贡献？"
2. 有意识地选择参会人员。怎样才能在尽量控制参会人员人数的情况下成功实现目标。

3. 提前准备背景信息备忘录：注重内容而非风格，只提供与会议目标相关的数据。
4. 选择会议主持人。把控流程肯定是主持人的职责，但确定决策未必。
5. 澄清问题。使用背景信息备忘录，并澄清问题，确保所有人都了解情况。
6. 表达想法和观点。管理对话的走向，让所有人都能参与讨论。考虑按资历排序，从资历最浅的人员开始依次发言。
7. 总结行动事项，在话题讨论结束时进行口头总结，并在会议结束后立即用简短的书面材料总结。使用下面这种格式：
   - 会议做出了什么决定？
   - 我们将采取哪些行动？
   - 这些行动由谁负责？
   - 什么时候完成？

第12章

委派工作

> 独行快，众行远。
> ——非洲谚语

泥土地面是疾病的主要来源。病原体可以在土壤中存活，而灰尘是呼吸道疾病的主要致病原因。盖阿特里·达塔下定决心要改变这种状况。她跟一群同学一起采集斯坦福大学附近一片已干涸的湖泊的泥土做实验，成功发明了价格远低于混凝土的泥土地面硬化工艺。她正在改变全世界众多人的生活。

盖阿特里后来搬到了卢旺达，创办了社会企业地球能量公司（EarthEnable），推广有益健康的平价地板。两年来，她废寝忘食、夜以继日地工作，公司发展良好。她误以为委派工作就是减轻自己的工作量，于是将自己的部分工作交给其他人来做，但在觉得其他人做得不好时，会将任务收回来亲自完成。

不出所料，公司的增长陷入停滞。地球能量公司之所以未能实现预期结果，是因为盖阿特里的管理方法无法提高公司实力。盖阿特里没有三头六臂，她必须从根本上改变领导方式，地球能量公司才有希望走进数百万弱势家庭。她在卢旺达的家中给我打来电话，她说：

> 最初，我负责开车，安排泥瓦工工作，调清漆，搞安装。我一手包揽了公司各方面的工作，感觉其乐无穷。现在，我明白了，公司增长意味着你不再参与生产，而是将精力用于组织建设。

管理下级经理

许多刚开始崭露头角的领导者都会遇到待办事项列表不断拉长的问题，其中许多人的应对之策是增加工作强度和时间。然而，做管理与完成具体任务截然不同。随着组织规模扩大，提高你个人的工作速度无法提升组织的实力，特别是在你努力管理下级经理时。让我来解释一下。

在步入职场之初，我们许多人都是普通员工。我们的成绩几乎仅根据自己所创造的价值来衡量，例如，完成一场精彩的演示文稿讲解或成功售出商品。我们的价值主要取决于个人智慧和努力，当然愿意投入工作的时间也有一定影响。

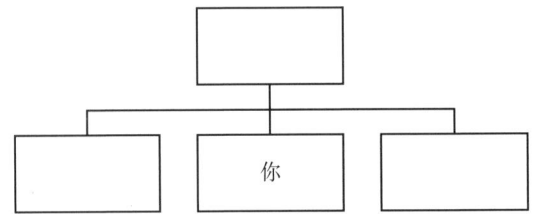

在直接管理单个部门或小团队时，投入更多时间通常是应对挑战的有效方法。如果你对直接下属准备的演示文稿不满意，那你可以在办公室熬夜重写。

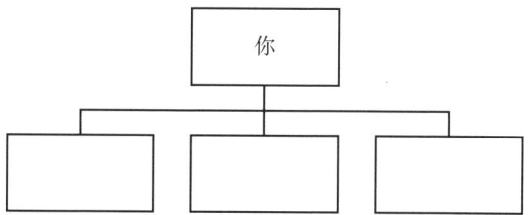

不过，在踏上管理下级经理的旅程后，再多的个人努力也无法提高整个公司的实力。

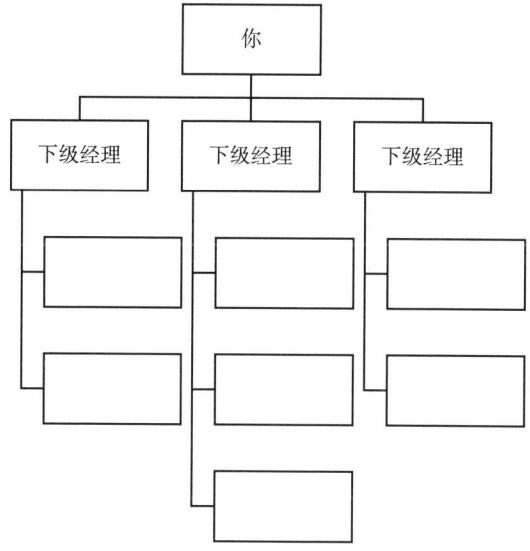

这时，当其他员工能力不足时，你不可能再替他们完成任务。即使你有这个能力，也不能总是绕过下级经理，直接处理其直接下属的工作。如果你希望组织经久不衰，唯一的办法就是学习委派工作的技巧。

技能、实力和能力

对地球能量公司而言,一切得以改变,主要原因是盖阿特里学会了委派工作。她有优秀的产品,只需要弄清楚如何扩大组织就够了。盖阿特里开始意识到,委派工作的本质并非将差事交给别人,而是增强组织内部能力。

委派工作始于区分眼下的任务和完成任务所需的技能。例如,假设你的任务是为一年一度的夏季促销活动制订人员配置计划。要想完成这项任务,你必须创建电子表格,回顾过去的人流量,并分析历史销量以做出预测,所有这些都属于技能。

毫无疑问,如果你放弃与家人共进晚餐并亲自制订计划,那肯定可以更快地完成这项任务。但是,你将失去培养组织内部的技能和能力的机会。这些技能和能力可以迁移到其他任务中,例如,制订假期计划、制订年度经营计划、决定周日是否延长营业时间,及最终为 12 家而非 1 家店配置人员,而不仅仅是在制订夏季促销人员配置计划时才能派上用场。

如果其他人员需要学习新技能才能完成任务,那将这项任务委派给他人完成的时间将超过你亲自完成的时间。所以,在判断组织是否能够从"委派工作"这项投资中获得足够的回报时,需要估计一下你在六个月内亲自运用这项技能完成任务的次数和时数。如果六个月内的运用时数达到十小时(称为"六个月原则"),那我就建议你不要亲力亲为,而是花十小时将这项技能传授给其他人。

委派工作也是评估团队成员能力的一种手段。如果你正在考虑是否要将最出色的销售人员升任销售经理,可通过委派工作来判断他是否适合晋升。我在斯坦福大学授课时讲解过食品制造公司特朗尼

（Torani）的案例。特朗尼是为世界各地的饮料品牌提供糖浆和调味香料的制造商，其首席执行官梅兰妮·杜尔贝科想要在销售部门内部提拔一人担任副总裁。[1] 梅兰妮向学生们描述，她将一些项目委派给内部候选人，并通过这个过程迅速确定了谁最适合晋升。

运用"SCS"原则

SCS是一种思维模式，代表具体（specific）、共同确定（co-create）和支持（support），体现了熟练委派工作的三大并行要素。将"SCS"牢记在心，就能避免工作委派不当的主要陷阱。最重要的是，无论是委派预订明天晚餐的任务，还是开发和建设20万平方英尺（约18580平方米）的配送中心，SCS都适用。

SCS：具体

通常，我们很难放弃眼下的几分钟，来避免未来几小时的浪费。在委派工作时，我们常常在定义可交付成果时偷懒，虽然当时确实节省了一些时间，但在工作成果与预期成果大相径庭时，要额外花费几小时来补救。

例如，假设你不确定是该续签办公室租约，还是该另寻新址。无效委派的做法就是直接要求员工"请研究下这个问题，然后告诉我是否应续约"。你可能会为这种变通找理由，告诉自己你是在向他人赋能，让他们自行决定细节。但事实上，你是在走捷径。最终结果是，他们一次次地找你了解额外信息，浪费时间去研究你根本不关心的方面。你既浪费了自己的时间，也浪费了员工的时间。因此，在委派工作时，你可以告诉他们：

我们的租约还有5个月到期。现在这个价格是市场价，我挺满意的，不过我想了解一下其他选项。请你看看有哪些地方可以选择，各方面条件如何。我们以前跟房产经纪人赵刚打过交道，可以先问问他有没有资源。我们需要预估不同类型区域（办公室、仓库、车库）的面积，创建到主要客户公司20分钟车程的地理围栏——可以使用Geotech公司地图软件。你要提供备选位置的照片和主要租赁条款。交一份10页的报告吧，就我一个人看看。做到内容准确无误就行，不要求达到演示文稿一样的质量。我会给你发一封简短的邮件来跟进这项任务。

在这个例子中，你清楚地告诉他们不必在哪些方面花时间，例如，不必研究现有租约。你描述了需要提供哪些方面的具体信息，比如面积要求，还规定了对最终报告的质量要求。你还计划发送一份简短的邮件来跟进，因为人们会忘记自己说过什么。在将命令落实到书面文件时必须具体描述任务，而口头委派工作很容易忽略这一点。

这不是微观管理。具体描述不会剥夺员工在提出建议时运用自身判断能力的自由。微观管理者过度关注对结果无关紧要的琐事，将注意力放在如何按自己的方式做事上，不考虑这对最终工作成果是否有影响；不放过任何琐碎细节，要求员工采用与他们完全相同的方式执行任务，不能容忍任何不同；希望图表以特定方式创建，使用他们选定的颜色和字体；还希望其他人在工作时就像自己的翻版。但在我们这个例子中，报告的大部分内容都留给员工自行完成。最重要的是，最终建议由员工自己给出。

SCS：共同确定

不过，现在的情况还是不太理想，员工的参与度太低了。俗话说得好，独木不林，三木成森。因此，对于上文例子的内容：

……创建20分钟车程的地理围栏，（确定）与主要客户的车程——可以使用Geotech公司地图软件。

根据共同确定的原则，可以考虑修改措辞：

我们主要客户的位置可能也是需要考虑的因素，你觉得我们应该如何来研究这个问题？

表面上看，你好像对员工不坦诚。毕竟，你知道Geotech公司软件有相关功能。但为何不直接告诉他们呢？应该意识到，我们不可以限制创造力和想象力。他们可能建议使用另一款软件，并将合作量纳入考虑或更加重视经常拜访的客户，而你可能忽略了这些要素。

如果你向员工做出了明确的指示，务必询问他们是否能够对计划提出更好的建议。例如，由于你明确表达了请他们共同参与的意愿，他们可能提出以下有用的建议：

对于备选房屋，我只提供房产经纪人准备好的简要说明资料如何？这类资料难免会提供一些多余的信息，但可以节省我们自己准备描述资料的时间。我还想跟现在的房东确认一下，看看未来三年附近有没有可能空出来的地方。

SCS：支持

我在吃了苦头以后才认识到支持的重要性。我担任过一家公司的首席执行官，公司收入每六个月就会翻番。这家公司变化太快，因此高层团队都承担着自己毫无经验的工作。久而久之，其中一位管理者无法胜任工作，问题变得越来越严重。等到我发现她的问题实际有多严重时，我只能要求她离开公司。但最大的错误其实在于我对工作任务的委派管理不当。

在美国前总统罗纳德·里根和苏联最后一任领导人米哈伊尔·戈尔巴乔夫会谈期间，苏联谚语"信任，但要核实"（trust, but verify）变得广为流传。有效地委派工作也要遵循这个原则。在给予支持的过程中，应设定战略检查项，不要等到最后再来确定人员是否胜任。关于委派工作，你的任务不是对最终工作成果进行评判，也不是随便将项目扔给下属，并期望产生最好的结果，你要做的是帮助团队成员胜任工作。设置定期的检查有助于发现工作是否进展顺利，原始计划是否有不清晰的地方，以及员工是否需要额外的指导或资源。有了这些检查点，你就可以在中途进行调整，从而提高员工胜任工作的可能性。

运用即时绩效反馈

在第3章（即时绩效反馈）中，我介绍了提供简单的反馈框架。这个框架可在调整后应用于委派任务（见图12-1）。

有时，我在委派工作时啰里啰唆，让员工听得云里雾里。有了这个框架后，直击主题、快速、清楚、有效地描述工作成了我的第二天性。

> 预期→标准→反馈→
> 障碍→支持→协商一致

图 12-1 即时绩效反馈框架

你的、我的、我们的

我雇用过一位高管，请他担任总经理，我则继续担任首席执行官。我们的直接下属彼此独立，但由于他向我汇报，也就相当于整个公司都向我汇报。当然，我们不可能就每个问题或机会的正确处理方式都达成一致，这正是这种关系的好处之一，但我们知道必须做出决策。

问题是，我没有与高级合作伙伴共事的经验，因此在对他行使权力时总是犹豫不决。此外，我的决定并非总是十分明确，导致我俩在认为对方有所僭越时出现紧张局面。问题与其说出在背后的决策，不如说出在我们之间的职责不明确。我们尚未找到公开、轻松地谈论权力结构和如何做出决策的方法。组织因而受到影响，我们之间也出现了一些不必要的紧张时刻。

直到多年以后，我又提拔了一名总经理，我还是担任首席执行官。那时，我管理着业务遍布七国（地区）、跨越多个时区的一家组织。吃一堑，长一智。我决定采用日常用语"你的、我的或我们的"来澄清我和她之间的职责。在需要做出决策但不确定这是谁的职责时，我们会迅速与对方核实，询问这是"你的、我的"，还是"我们的"问题。

例如，在讨论是否要向一个新的国家扩展业务时，我可能会告诉她这是我们的问题——我们要一起决定。在招聘直接下属时，她可能会说:"我想听听你的建议,但最终由我来拿主意。"我们在界定任务到底属于谁的职权范围时也会有分歧,但与之前不同的是,我们使用简单的语言,因此没有歧义,没有争议或争吵。如果意见不一,我们就立即按照绝对坦率的文化直接解决问题。最重要的是,我们明确了各自的职权范围。这种关系效率更高,因为我们开诚布公,所以什么时候应该由谁掌握决策权始终一目了然。

总结

约翰·C.麦克斯韦尔是畅销书《领导力21法则》的作者,他写道:"如果你想做好一些小事,那就自己做。如果你想做大事并产生影响,那就学着委派工作。"盖阿特里必须建立起组织,否则她的创新发明不会产生多大价值。在与我通话三年后,她的客户量增加了四倍。委派工作可以提升公司的实力,因此地球能量公司继续加速增长。最近,盖阿特里告诉我:"现在,看着公司走进千家万户,我感受到了巨大的成就感。相比之下,当年我亲手装地板那点儿成就感简直微不足道。"

我们囿于最初的经历,画地为牢。上小学时,我们的成绩主要取决于个人表现;上大学时,我们的成绩主要用分数来衡量;刚步入职场时,我们的成绩主要取决于报告、演示文稿和分析质量。一路走来,我们越努力,越成功。

这些都与成为杰出领导者没多大关系。要想当好领导,我们大多数人都必须放弃几十年来的习惯和做事方法,就像本章开头描述的盖阿特里那样。最初,这种转变不会自然而然地发生。一旦在学习委派工作时认识到摒弃旧习的必要性,你就能抵住诱惑,放弃过去的成功经验，向麦克斯韦尔所描述的可提升公司实力的领导习惯过渡。

> **委派工作**
>
> 1. 委派工作不是将你的差事交给其他人，让你拥有更多时间，而是培养整个组织的技能和实力。
> 2. 通过委派工作来评估人才。
> 3. 从所需技能的角度定义任务，并寻找机会培养员工的这些技能。
> 4. 在决定是委派工作还是亲自动手时，运用六个月原则。
> 5. 委派工作时须遵循 SCS：具体、共同确定和支持。
> 6. 以书面形式跟进委派的所有工作，通常采用简短的电子邮件形式。
> 7. 信任，但要核实。对任务的进度设置检查项，从而支持并帮助团队取得成功。
> 8. 找到合适的方法，以便公开、轻松地谈论职权范围，并运用日常用语"你的，我的或我们的"来确定如何做出决策。

第三部分

THE MANAGER'S HANDBOOK

乐于寻求并听取建议

第13章

五个问题

> 哪里有抱怨,哪里就有机会。
> ——马云,
> 阿里巴巴集团创始人

几年前,我在一次会议上与约瑟夫·戴奇相邻而坐,学到了关于倾听的重要一课。约瑟夫是联邦金融网络公司(Commonwealth Financial Network)的创始人,该公司管理着超过 2500 亿美元的资产,是美国最大的私有独立注册投资咨询和经纪自营商。他还创办了 Elevate 奖基金会(Elevate Prize),为全球最有前途的一些社会企业家提供关键的培训和资源。在那场会议上,有人对一个政治问题发表了有争议的评论。我们大多数人都觉得这个评论荒唐可笑,一些人公开质疑。

后来,我在和约瑟夫一块等车时,询问了他对这个评论有何看法。他用轻柔而富有哲理的语气说:"我觉得挺有趣的。"他明确表示没有被那个人的观点说服。不过，他不可能改变那个人的立场，所以他的兴趣点在于：为何那个人会持有那样的观点，为何其他人反应如此激烈。约瑟夫之所以"觉得挺有趣"，是因为他永葆好奇之心，不愿徒然花费精力说服别人接受他的观点。

寻求并接受建议的第一步就是像约瑟夫一样倾听。就像我们许多人对待自身政治观点的态度一样，我们浪费精力，试图让他人接受我们的立场，通常还会过度重视那些肯定我们先前观点的信息。我们的信息来源带有倾向性，导致我们忽略了许多与我们的观点不一致的内容。带着好奇心倾听是十分困难的，这意味着大多数人在这方面都做得不好，但这正是普通管理者和高效管理者之间的差异所在。

首先，从你的团队开始

你的团队积累了大量专业知识和智慧，但到目前为止，你所了解的东西很可能都经过了筛选，因而生成了肯定你当前观点的立场。（还是约翰·斯坦贝克那句话："没人需要建议，人们只需要认可。"）一线员工是企业宝贵的信息来源。中国三位极具传奇色彩的企业家：中兴通讯侯为贵、万向集团鲁冠球、海尔集团张瑞敏，无不是从工厂基层成长起来的领导者。为了摆脱这些天然的偏见，在调查事实时你需要用心计划。

首先，向谈话对象表明你的意图和目的。他们知道，你需要就组织的发展方向做出决策，而结合他们的意见你才能做出明智的决策。如果你不明确说明为何征求意见，那他们可能怀疑你正在对他们进行评估，进而不愿保持坦率。因此，谈话一开始就要确定交流的基调：

我跟你一样关心公司的发展。为了带领大家走向成功，我不能只从自己的角度看问题，必须从多个角度了解组织的情况。我需要像你这样的团队成员的看法，你能看到我从未看到的东西，你比任何人都更了解自己职责范围内的情况。这种经验和创造力对我很有用。我需要你的帮助。

建议你与一线员工交谈，特别是负责与客户进行日常联系的员工。关于竞争状况和竞争市场的情况，客户服务代表或仓库员工能够提供的信息最多，甚至超越这位或那位副总裁。

现在，拿起纸笔，问他们五个问题：

- 哪些方面进展良好？
- 哪些工作是在浪费时间？
- 客户最关心哪些方面？
- 我们相对于竞争对手的优势是什么？
- 如果你是我，你会怎么做？

在收集答案时，必须敦促他们提出具体的建议和看法。例如，与"我们的产品需要减重8磅（约3.6千克）"相比，"我们需要提高质量"的表述显然价值有限。在提问时，你可能会觉得他们的一些愿望看起来不切实际。但在否定这些想法之前，你要接受这样一种可能性：你的观点或维持现状的想法可能限制了你的思维。

在记录他们的观察结果和想法时，不要做出承诺或保证。你的一言一语都会被放大和重新解读，因此不要让他们把期望值定得太高。你可以说："这个想法很有趣，很高兴能够深入研究，然后更好地了解它"，这样可以避免让人觉得感兴趣就等同于同意。

其次，顾客和客户

我目睹了许多这样的例子，管理者一味猜测顾客的需求，却忽略了他们其实可以直接询问顾客。顾客知道自己为何购买（或不购买）你的产品或服务；对于你的竞争对手，顾客可能比你更了解它们的优势和劣势；顾客也可能愿意告诉你这一切，因为这符合他们的最大利益。

在询问顾客的想法时，应追求深度而非数量。一说到客户调查，你可能会立即想到群发电子邮件，请顾客进行数字评级或从下拉菜单中选择选项。但是，在寻求重要见解和创意想法时，与一千份问卷回复相比，系列的深入的对话可能会提供更多的信息。对话应围绕下面五个问题展开：

- 您为什么选择我们？
- 我们是您的独家供应商吗……为什么？
- 我们的竞争对手在哪些方面做得比我们好？
- 我们需要采取哪些行动才能与您开展更大的合作？
- 您希望我们提供什么功能、服务或产品？

调查询问的对象不应仅限于大客户。他们对你的服务很满意（所以才会成为你的大客户），这样会导致统计偏差。你需要与跟你有少量合作和完全不跟你合作的对象交谈，弄清楚为何你不能满足他们的需求，以及你要怎样做才能让他们成为你的大客户。

如果你的产品或服务有成百上千名最终用户，你可能需要借助外部资源来与足够多的用户进行交流。但在此之前，你要亲自与顾客开展足够多的对话。这样你才能够为这些外部资源提供指导和培训，让他们知道应该问什么、怎么问，以及如何对常见的回答做出最妥当的反应。

再次，供应商和销售商

在某家公司第一次担任首席执行官时，我跟一位专程乘飞机到得克萨斯州达拉斯的主要供应商见了面。他此行的目的是巩固我们之间的关系，并保持业务往来。但是，我在那次会面中发现，这位供应商的开发和制造提前期很长，可见对市场有独到的见解，而这正是我们公司所欠缺的。在担任首席执行官期间，我将他视为思想伙伴，而非尽力争取最低价格的生意对象。你应该专门花时间与主要供应商和销售商交流，并提出五个问题：

- 您认为哪些地方的市场出现了扩张和收缩？
- 您认为我们的客户最看重的东西是什么？
- 您认为正在发生哪些创新或技术变革？
- 您认为我们的哪个竞争对手最优秀，为什么？
- 您认为我们比竞争对手做得更好的例子有哪些？

你的大部分竞争对手都一门心思地想着打价格战。这意味着你比他们更有优势，因为他们没能利用这个信息源泉。如果你态度友善，花点时间和供应商、销售商建立关系，那他们向你提供的信息可能会令你大吃一惊。

最后，竞争对手

在一次董事会会议上，我遇到了一位软件公司的首席执行官。他表示，每当有竞争对手的员工或前员工到他的公司面试时，他都会特意参加面试。他希望比竞争对手的首席执行官更了解竞争对手。你根本不需要接触竞争对手的机密信息或商业秘密，就能了解到与他们相关的大量信息。只要你愿意提问，堆积如山的合法信息就在眼前。

无论是在展销会上，在面试期间，还是在联系并邀请竞争对手最近离职的员工共进午餐时，你都可以在闲聊中询问下面五个问题，通过他们的前员工或现有员工挖掘出数量惊人的信息：[1]

- 您在那里工作时，觉得它在什么方面做得很好？
- 它面临的最大挑战是什么？
- 它最忌惮的竞争对手是谁，为什么？
- 人们为什么喜欢在那里工作？
- 它的员工流失的原因是什么？

竞争对手的前员工并非了解信息的唯一途径。互联网上没什么秘密。一些工具支持近乎免费地收集大量数据，给你带来关于竞争对手的信息宝库。你可以收集它们的反向链接、访问量、登录页面、拥有的短语和词语，及其网站上的关键字。

你可以访问它们的网站和社交媒体账户，查看招聘职位列表，判断它们正在哪些地区和哪些职能领域进行扩张。每个季度访问一次 Glass Ceiling 等求职网站，了解它们现有员工和前员工的评价。在搜索引擎中设置提醒，避免错过它们发布的任何内容或关于它们的任何评论，并且每季度查看一次它们的网站。在它们的网站上提问，并注意它们回答的质量和内容，从而体验它们的潜在客户培育流程。想要研究它们的线上策略，你应关闭广告拦截器，看看你的浏览器在访问它们的网站后会弹出什么内容。如果线上营销对你的公司十分重要，那就留意你的网站和竞争对手网站的表现。

总结

1982年，麦肯锡公司顾问汤姆·彼得斯和罗伯特·沃特曼出版了《追求卓越》一书，书中介绍的"走动式管理"随之流行起来。该理论认为，如果管理者四处走动，主动与碰巧遇见的员工交谈，那他们将了解到重要的信息。这本书几乎成了商业界的"圣经"，在出版后的头四年里年销都接近百万册。在截至本书完成时近40年的时间里，走动式管理被管理界奉为圭臬。现在我们已经知道，走动式管理本身并无太大价值。员工不太可能在走廊里将你拦下，接着主动提出批判性的想法。作为领导者，你必须确定"走动"的流程、结构和目的。

最近，美国国防部下属的中央司令部采取了类似的措施。他们深知，单纯让将军们在军营里走来走去是不够的。军人习惯于尊重军衔和权威，军衔较低的人员绝不会拍拍高级官员的肩膀问"有空吗？"，接着强迫高级官员接受他们的想法和创意思维。不过，中央司令部明白获取信息的价值所在。约翰·考格比尔准将告诉《华尔街日报》："最接近问题的人是那些亲眼看见和亲身体会到痛点的人。"[2] 正因如此，中央司令部举办了军事版《创智赢家》（Shark Tank）⊖比赛，鼓励自下而上的思想交流。这是中央司令部版本的"五个问题"，用制度将自下而上的信息交流固定下来。为了获得必要信息，他们必须确定流程和目标，这样这项任务才能开展。

⊖ 这是美国广播公司的一系列发明真人秀节目，为发明创业者提供了展示发明和获取主持嘉宾投资赞助的平台，怀揣梦想的青年带着产品来到节目，努力说服投资人投资。——译者注

五个问题

1. 带着好奇心倾听,抛弃证明现有观点或说服他人的想法。
2. 向包括一线团队成员在内的员工提出五个问题,并向他们说明你询问的原因:
   - 哪些方面进展良好?
   - 哪些工作是在浪费时间?
   - 客户最关心哪些方面?
   - 我们相对于竞争对手的优势是什么?
   - 如果你是我,你会怎么做?
3. 向顾客提出五个问题。不要使用问卷调查表,应追求深度而非数量。一定要向打算与你合作的公司提出这些问题:
   - 您为什么选择我们?
   - 我们是您的独家供应商吗……为什么?
   - 我们的竞争对手在哪些方面做得比我们好?
   - 我们需要采取哪些行动才能与您开展更大的合作?
   - 您希望我们提供什么功能、服务或产品?
4. 向供应商提出五个问题。不要只想着压低他们的产品和服务价格:
   - 您认为哪些地方的市场出现了扩张和收缩?
   - 您认为我们的客户最看重的东西是什么?
   - 您认为正在发生哪些创新或技术变革?
   - 您认为我们的哪个竞争对手最优秀,为什么?
   - 您认为我们比竞争对手做得更好的例子有哪些?
5. 向竞争对手的现有员工或前员工提出五个问题。他们提供的信息将令你大吃一惊：
- 您在那里工作时，觉得它在什么方面做得很好？
- 它面临的最大挑战是什么？
- 它最忌惮的竞争对手是谁，为什么？
- 人们为什么喜欢在那里工作？
- 它的员工流失的原因是什么？

6. 互联网上没有秘密。在网络上研究关于竞争对手的信息。
7. 走动式管理不过是摆摆样子。在向员工学习时，要有明确的意图和目的。

第14章

寻找导师与寻求指导

> 听君一席话，胜读十年书。
> ——中国谚语

我是亚胜公司的早期投资人，该公司后来的收入增长到了数十亿美元。在出任公司董事时，我亲眼见证了公司首席执行官凯文·塔维尔是如何运用其导师网络帮助公司走向成功的。他后来告诉我："我们之所以能取得今天的成就，首要原因是我为公司安排了很多优秀的顾问，如饥似渴地寻求他们的建议。"企业领导者面临的真正特殊的问题少之又少。一般而言，问题都有现成的答案或存在寻找答案的框架。缺乏自信的管理者总想自己解决所有问题，但自信的领导者不会如此不明智。维珍集团创始人理查德·布兰森爵士这样写道："你可以随便找位成功的商人问问，他们在人生道路的某个节点都有一位伟大的导师。"这种说法与凯文的经历相符。

通用汽车首席执行官玛丽·博拉指出，最出色的领导者会搭建顾问网络。"一些高管将成功归功于一两位对他们提供指导的关键人物，但我认为，有效的指导离不开人际网络。"[1] 导师和顾问从不同的角度看问题，最优秀的管理者集思广益，调解意见分歧并关注其共同点，然后选择最佳的前进道路。不过，这种网络不会凭空出现。要想像最优秀的管理者一样建立人际网络，你需要先制作记分卡。

导师和顾问记分卡

一些人误以为最优秀的导师是富有传奇色彩的英雄，拥有商业透视眼。他们试图与名人及其光鲜的简历和头衔建立联系。然而，与招聘合适员工需要制作聚焦于结果和特质的记分卡一样，搭建顾问网络也是如此。虽然每个人所期望的结果各不相同，但发挥了预期作用的顾问都有两个特质：客观理智和具有模式识别能力。

客观理智

对于客观理智，最恰当的定义是实事求是，并对自身观点所带有的个人偏见了如指掌。二者密不可分。在大脑处理问题的过程中，我们的思维从未摆脱过偏见。这种偏见可能导致过度乐观、无缘无故的恐惧或决策瘫痪，同时降低我们决策的准确性。在偏见的作用下，我们会偏离事实方向。斯坦福大学哲学系研究人员观察发现："人类都是从某个角度体验世界的。视角不同，（个人）经历的内容便迥然相异。视角受到个人状况、知觉器官、语言和文化细节的影响。"[2]

寻求建议的好处在于，与需要解决问题的当事人相比，外部顾问的偏见往往更少。这并不是说顾问不带偏见，而是说相比之下较少。

减少偏见本身就是寻求并听取建议所带来的好处。

不过，除了减少偏见以外，你可以有更大的收获。在建立顾问团队时，你要寻找并争取高度客观理智并对自身偏见了如指掌的人。注意他们对你的问题有何反应。最优秀的导师说话都经过深思熟虑，开始都会说："我有过一次非常糟糕的诉讼经历，它影响了我接下来要说的话……"，而对自身偏见缺乏了解的人可能会说："关于诉讼，你需要了解的是……"

导师和顾问要想更准确、更快地评估数据，需要的是客观理智的态度，而非解决问题的超能力。在确定潜在顾问和搭建网络时，注意要将客观理智作为强大导师的关键特质。

具有模式识别能力

面对一种状况，我们储存在长时记忆中的一系列经历被触发，这时大脑就是在进行模式识别。我们观察相似事件，以及处理这些事件的方法是成功还是失败，这些信息大部分会被大脑存储起来。之后，大脑会在精神"硬盘"中搜索过去类似的经历。这种处理过程主要在后台进行，我们不会直接察觉到。计算机现在正是采用这种运行模式，这就是"人工智能"。

模式识别比直接知识更微妙，直接知识就是在触碰到滚烫的炉子后明白炉子不能碰，或者知道一加一总是等于二。在模式识别过程中，我们检索相似的情况，将目前的情况与以往的经历进行比较，并依据比较结果从神经学的角度判断答案。

在制作导师记分卡时，你要先确定预计会面对的问题类型，寻找精神"硬盘"中装满类似问题的导师。如果你经营的是一家中等规模的建筑企业，那么从模式识别能力的角度来看，执掌传媒帝国的亿万富豪董事长可能不如管理卡车公司某个部门的副总裁对你更有帮助。

六步接触导师

你可以在与顾问沟通前先采取六个步骤，以提高互动价值并更好地建立关系。

第一，你需要意识到，大多数人愿意几乎无限次地接听你的电话，每次跟你聊十来分钟，但几乎没时间跟你吃完一顿早餐。比较明智的策略是好好利用时间较短但影响很大的互动，而不是很少出现的长时间交流。

第二，在讨论之前准备一套笔记。笔记有助于整理思路，缩短解释问题的时间，尽可能地将宝贵的时间用于倾听和学习。约翰·埃尔维是我在斯坦福大学求学期间的同窗，后来成为卓越的美式橄榄球四分卫，参加过五次超级碗比赛，他同时还是活跃的企业家，成功创立了一家特许经销店，该店后来以 8200 万美元的价格售出。我喜欢他的说法："我在说话时什么都不可能学到。要想变得更好，唯有倾听他人意见，并找出原因。"[3]

第三，沿用成功会议的开场方式开始对话，即阐明你想要解决的问题或想要抓住的机会。你可以说："王梅，关于……我想听听你的建议。"有很多次，在有人向我致电寻求建议时，我专注地听着他们介绍背景信息，结果发现自己边听边在想其他的问题。直截了当地陈述情况，这样你的导师将专心考虑关键问题，仅提出与你的问题或机会相关的澄清问题，并就对你而言最重要的问题给出建议。

第四，使用准备好的笔记，确保只提供必要的背景信息。虽然你对遇到的情况感到陌生，但顾问具备模式识别能力，所以他们需要的补充数据比你想象得要少，并且他们始终可以在必要时要求提供额外信息。很多时候，寻求建议的人几乎一直在提供背景信息，最后我只有几分钟时间提供看法。

第五，告诉对方你觉得应该怎么做，但不要说服他们接受你的建议。你要明白，你的任务是抛砖引玉，而不是寻求他们的肯定。明确说明你拿不定主意，所以才会联系他们。不过，你可以提高自己解决问题的能力，从而帮助构建情境，这样你的模式识别能力将逐渐提高。

第六，在完成前五项行动之后，你要闭上嘴巴。不要对顾问说的每件事都发表意见，也不要在顾问表达见解后耗费时间讲故事。你眼下要做的是集中精力，思考他们所说的话。

表示尊重

凯文·塔维尔、理查德·布兰森和玛丽·博拉都指出，表示尊重是搭建导师网络的重要手段。你希望占用他人的时间，而时间是这些人最宝贵的资产。他们牺牲了与家人共处、专心工作或发展事业的时间，投注在你身上。但是，导师—学徒关系不是交易关系，不能用传统的方式回报。双方也不会将这段关系视为交易。

善用导师的时间就是对他们的尊重。最近，我以前的一位学生发来邮件，向我征求制订奖励计划的建议。他在邮件中罗列了 31 项要点，没有花时间将问题提炼成基本的数据，而是将这项任务留给了我。

梳理过重要背景信息的邮件才是一封好的邮件。无论是整理好邮件，还是倾听，都是珍惜他人时间的表现。在完成邮件初稿后，不要立即按"发送"，尝试浓缩文本内容，确保清晰、有效地表达观点。也不要发送包含多余信息的附件。带上笔记与顾问会面，让他们知道你提前做了准备，因此他们值得投入时间。

最后，把事情的结果告诉他们。他们会对结果感到好奇。他们明白，你在听取他们建议的同时会运用自己的判断能力，并且可能选择不同的道路。但是，他们仍然会对事情的后续感兴趣。

总结

H. 欧文·格鲁斯贝克是我最重要的人生导师。我们之所以能取得成功，一定程度上要归功于他人的帮助。为了对帮助自己取得成就的导师表示感激，一些人会选择为后辈提供指导和建议。如果遇到这样的人，那你无疑是幸运的。

在积累自身经验的同时，不要忘记留心新一代领导者。正如美国著名体育教练伍迪·海耶斯所言，你可以帮助他们，"将爱传递下去"。

寻找导师与寻求指导

1. 辨别出对做决策有所帮助的人：
   a. 客观理智就是实事求是，并对自我意识有深刻的了解。
   b. 模式识别的前提是具备相似的经历。
2. 在与导师接触时目的明确：
   a. 利用时间较短但影响较大的互动。
   b. 在讨论之前准备一套笔记。
   c. 在对话开始时，阐明想要解决的问题或想要利用的机会。
   d. 只提供必要的背景信息。

  e. 说明你觉得应该怎么做。

  f. 闭上嘴巴。尽可能将时间留给导师提供反馈。

3. 充分利用导师的时间,并将事情的结果告诉他们,表示感谢。

4. 在机会到来的时候,将爱传递下去。

第15章

高管教练

> 重点不是教练懂得什么,而是运动员学到了什么。
>
> ——匿名

费利克斯·布鲁克斯-丘奇是Sanku的首席执行官,在他为聘请教练而咨询董事会意见时,我才第一次直接接触到高管教练。Sanku是我与斯蒂芬妮·康奈尔共同创立的非营利组织。费利克斯在晋升为首席执行官之前的六年里一直向我汇报工作。所以,我当时的第一反应是,既然他可以向我征求意见,为什么还要聘请高管教练。

我向埃迪·波普拉维斯基请教了这个问题。他担任过首席执行官,现在是一名成功的高管教练。埃迪向我解释了为何教练与导师有所不同。导师从自身生活经历出发提供指导,帮助他人应对类似的挑战。导师通常是榜样人物,拥有被指导者钦佩并希望模仿的特征,可以帮助被指导者找到问题的答案。然而，教练的工作不是解决问题，而是培养能力。教练帮助你弄清楚自己想成为什么样的人，希望去向何方，以及如何实现目标。"教练不负责开车，"埃迪解释道，"在你选择想要走的道路时，他们会坐在副驾驶的位置上。"

什么是教练

1885年，安妮·伊莎贝拉·萨克雷·里奇出版了小说《戴蒙太太》（*Mrs. Dymond*），其中有一句话广受欢迎：授人以鱼，可供一日之食。授人以渔，可供一世之食。教练教你如何捕鱼：他们的任务是帮助你培养领导技能，而非让你产生依赖；教练将帮助你发展，但他的参与方式是创建解决业务问题的框架，而非直接提供答案。

教练个人与结果不存在利益关系。我在与费利克斯的关系中，有自己的思想包袱。我是前任首席执行官，而他一直在追随我的脚步；我对组织发展的最佳路径有自己的想法，但费利克斯必须带领组织走上有时偏离该路径的道路。他需要我的建议，但也需要有人与他一起畅谈公司的任何方面或他自身的情况，包括我俩之间的关系。埃迪这样总结道："在生活中，你在哪里还能找到这样的人站在你这边？他要手握技巧、乐于支持、不带偏见，还要与你的结果不存在任何利益关系，只是一门心思地帮助你成为最好的自己。"

教练创造了安全空间，你可以徜徉其中，探索新的机会，扩大自身的可能性，并分析自己对个人和职业环境的感受。不过，不要指望教练成为你的个人拥护者。他们的工作是支持你培养子技能和开发智慧，帮助你将管理工作做到最好。这意味着他们有时会说一些不中听的话。恰恰是因为他们只为你的利益考虑，所以他们不是你的朋友或支持者。

寻找合适的教练

一项研究表明,如果教练关系未发挥预期效果,那十有八九是因为选择的教练不合适,而非教练指导过程本身有问题。[1] 要想找到合适的教练,第一步是列出备选名单。你可以通过搜索引擎找到大量候选人,但最好是利用人际网络,向其他管理者、律师、会计师和活跃投资人征求意见。

第二步,查看教练是否接受过正规训练。教练指导的本质是技能,而不是积累的生活经验。国际教练联合会(ICF)和国际企业教练联盟(Worldwide Association of Business Coaches)是专业的教练组织,提供教练资质认证、项目认证、证书颁发和资格认可服务。目前,人们还可以在乔治敦大学继续教育学院等主要大学的相关学院攻读相关课程,获取领导力教练高管证书。

第三步,在决定人选前与三名教练见面,了解你有哪些选择,及教练的风格和经验。过去主要担任首席执行官教练的人选可能不太适合当大型企业部门领导的教练。同理,在指导企业家方面经验丰富的教练更适合公司处于起步阶段的管理者。同样,如果你的公司里有多名家族成员,那你可能需要寻找对家族企业和家族经营公司有经验的教练。

在与这些教练交谈时,你要询问他们计划与你会面的频率和时长,他们如何处理紧急会议,他们是否可以帮忙应对意外情况,以及他们对远程会议持怎样的态度。

最优秀的体育教练往往并非最出色的运动员,高管教练也是这个道理。教练指导的核心是管理流程。比尔·坎贝尔是传记《万亿美元教练》(*Trillion Dollar Coach*)的主人公。[2] 他不仅是谷歌前首席执官埃里克·施密特的长期教练，还在指导其他硅谷明星。然而，他并不认为自己是比这些客户更优秀的管理者。他的成就在于建立了流程，帮助这些管理者成为最好的自己。

所以，在选择教练时不必迷信行业专家。教练不是掌握专业知识的商业顾问。虽然项目咨询可能涉及领导力培训，但教练指导关系的重点本来就是你个人的技能和能力。

你与教练之间的化学反应很重要，但不必十分亲密。你不是在花钱为自己招聘一位朋友，不过你需要能够轻松自在地与教练谈论个人生活、健康问题和其他压力。这并不是说你的教练是医生或心理治疗师，但最好的教练需要了解你的具体情况，而你必须愿意与他们分享，这样他们才能做好工作。个人问题是工作中不可避免的问题。

斯坦福大学和加利福尼亚大学的研究显示，72% 的企业家都存在精神健康问题，比如抑郁症或双相情感障碍，许多人还在与瘾症做斗争。[3] 如果你觉得无法向备选教练透露自己的酗酒或婚姻触礁问题，那么继续寻找合适的教练。如果你与家人或伴侣的关系不那么传统，如果你在工作中与某人存在特殊关系，如果你的出身背景在公司内属于少数派，可以考虑与备选教练进行讨论，了解他在这些领域的经验，以及过去的处理方式。

正是由于这些原因，保密性是教练指导的重要组成部分，但这种保密要求与对医生或神职人员的要求有所不同。这里的保密是指由你掌握对信息的控制权。虽然约 60% 的首席执行官会选择对教练指导关系完全保密，[4] 但近三分之一的首席执行官会采取受控保密，即教练会根据授权情况与你的下属分享经过整理的信息，最大限度地帮助你成长和发展。

教练指导的流程

大名鼎鼎的美国商业思想家彼得·德鲁克常被誉为史上第一位"高管教练"。他说："我做教练的最大优势就是蒙昧无知，只会问一些问题。"教练通常会用问题而非陈述来进行指导。正如埃迪所言，教练是在你奋力解决问题时陪伴在侧的人，他们提出一针见血、考虑周全的问题，帮助你提高实力和模式识别能力。因此，你应当提防那些方法千篇一律、对所有客户使用同样流程的教练。你的教练应该知道你在这趟旅程中希望去向何方，以及你需要什么技能或如何行动才能抵达目的地。

一般而言，你会与教练每月见面两次，每次一小时至一个半小时，线下和线上会面都是如此。你应负责制定议程，所以从一开始就要清楚自己的目标、问题、挑战和抱负。鉴于准备会议需要花费时间，一些高管迟迟不愿聘请教练。但是，在优秀教练的帮助下，你将变得惜时"成癖"，因而每周效率更高，日程安排也更合理，完全可以抵消你们会面所花费的时间。

在此过程中，你可以请教练花点时间与你的员工、主管、董事会成员或其他成员进行沟通。费利克斯在刚请教练时就是这样做的。他的教练给我打电话，请我对费利克斯的机会、盲点以及突出能力发表看法。她只是将我的观点作为数据，与她从其他人那里收集到的看法相结合。她还礼貌地深入了解了我对这段关系带入的偏见，例如，她想了解当费利克斯的决定与我任 Sanku 首席执行官期间的决定不同时，我是如何处理的。

如果你提出要求，一些教练会要你对进行中的项目或措施的进展负责。这种问责制可能会激励你按时完成任务，但归根到底，最优秀的教练会帮助你提高自我问责能力，确定阻挠按时完成任务的障碍，并协助设计解决方案，这样你就不需要第三方来帮助自己完成目标了。

一些大型企业会为员工安排内部教练。这种方法的优势在于教练了解组织内部工作流程，但一大缺陷是它违背了教练指导的两个原则：受控保密，以及教练的唯一工作就是帮助你取得成功。无论内部教练多么认真地遵守保密规则，他们始终是组织内部人员。对公司而言，更好的选择是出资聘请独立教练提供教练指导服务，并将其作为一项员工福利。

预计每次教练会面所需支付的费用从几百美元到数倍不等。尽管如此，你的投资回报率可能是极高的。一项研究表明，四分之一的公司认为教练指导的回报高达成本费用的 49 倍；而另一项研究显示，教练指导的平均回报是初始投资的 7 倍。[5] 聘请优秀的教练是一项投资，而非开销。在选择成本更低的选项之前，请评估成本差异，并考虑随着时间推移，领导者在一系列问题上改善决策效果所带来的好处。

团体或同侪教练

除了传统的教练指导关系以外，你还可以选择团体或同侪教练。青年总裁协会（YPO）和伟事达（Vistage）是通过团体或同侪教练方法，帮助商业领袖实现成长的两个最著名的组织。青年总裁协会将人数控制在最小规模，只接受年龄 45 岁以下的会员。伟事达也有会员资格要求，不过没有那么严格。这两个组织的教练指导形式大同小异。在保密的前提下，成员采用结构化形式向约 12 人的小组提出自己面对的问题或机会。为了促进交流，这两个组织通常不鼓励将两名竞争者安排在同一小组，并且不鼓励小组成员之间开展商业活动。

我在职业生涯的大部分时间里都是青年总裁协会的一员，这段经历弥足珍贵。青年总裁协会的这种教练指导方法可以提供多角度的丰富观点，这是在只有一位教练时不可能做到的。然而，我发现同侪教练有两个缺点。其一，尽管团队成员用意良好，但他们并没有接受过专门的教练指导培训。这通常意味着他们给出的反馈更像是建议，而非教练指导意见，他们过多地关注如何解决所提出的问题，不太注重提高能力。此外，青年总裁协会和伟事达都带有社交性质，成员们在这段关系中有利害关系，也关心他人对自己的印象。因此，虽然是保密性质的讨论，但小组成员可能不太愿意公开自己的弱点。

其二，这种形式会导致你提出问题的次数有限。如果12人的小组每年开会10次，每次处理3个问题，那么你每年只能提出大约3个问题。虽然任何完善的团队都会在紧急情况下提供帮助，但与每月会面两次、专门关注你情况的教练相比，这些组织关注你需求的时间少得多。

总结

《哈佛商业评论》指出，中国等国家将对高管教练服务产生"庞大需求"。这是因为大学生一毕业就开始担任管理职务，"发现自己的上司不过25岁，且管理经验同样有限"。在中国扩大高管教练服务的空间极为广阔。⊖ 人们过去将教练指导视为拯救不胜任高管的有效方法，这种日子一去不复返了。谷歌前首席执行官埃里克·施密特曾说，他收到的最佳建议是"找个教练"。中国正经历相同的理念转变。越来越多的中国企业意识到，寻求教练指导并非一项补救措施，而是充分

⊖ 资料来源：拉姆·查兰，著有《经济不确定时期的领导力》（*Leadership in an Era of Economic Uncertainty*）等著作。《高管教练能为你做什么？》，发表于《哈佛商业评论》，作者是戴安·库图、卡罗尔·考夫曼。

释放所有团队成员（包括最佳员工）能力的手段。像明星运动员那样看待教练，将他视为你发挥全部潜力的重要元素。

费利克斯很聪明，知道自己需要一位教练，这个人要积极地与他紧密合作，帮助他拓展能力，但不能是组织的创始人。在他聘请教练之后，我看到他从雇员成长为独当一面的领导者。慢慢地，他可以在征求我的建议之后，自然地综合我的判断以及他所掌握的其他信息独立做出自己的决策了。

这也改善了我俩之间的职业和个人关系。我感觉他的教练在引导他寻找恰当的模式，让我可以在组织中更好地发挥作用。费利克斯按照这种模式与我互动，使我成为更优秀的组织负责人。有趣的是，我们现在一同解决问题的时间有增无减。教练不是我的替代者，而是Sanku团队必不可少的一员。

高管教练

1. 教练的工作不是解决问题，而是培养能力。他们的任务是帮助你培养领导技能，而非让你产生依赖。
2. 选择教练：
   a. 利用在线搜索和人际网络创建备选教练的名单。
   b. 认真评估备选教练是否接受过正规训练。
   c. 在决定人选前与三名教练见面，了解你有哪些选择，及教练的风格和经验。
   d. 在选择教练时不必迷信行业专家。
3. 寻找能够让你轻松自在地谈论个人生活、健康问题和其他压力的人。

4. 采用受控保密。你的教练可以按照你自行决定的授权范围与你的成员分享信息，最大限度地帮助你成长和发展。
5. 应当提防那些指导方法千篇一律、对所有客户使用相同流程的教练。
6. 团体或同侪教练可以提供多角度的丰富观点，但这种教练没有接受过教练指导培训，经常试图解决问题，而非培养能力。同时，在这种指导形式下，你能够提出问题的次数也有限。

面向备选教练的十个问题

1. 您目前有多少客户，您最多可以同时服务多少客户？
2. 您有几年的教练经验，为何决定从事这个职业？
3. 在您的客户中，有多少客户与我的组织规模相似，与我的年龄和所处的领导阶段相似，与跟我组织结构相似的组织（例如：非营利组织、投资人所有公司或家族经营企业）合作（全部用百分比描述）？
4. 您的报酬如何？
5. 我们是在线下还是线上会面？您希望多久会面一次，每次持续多长时间？
6. 您如何组织会议，如何确定主题？
7. 我一直在与（酒精、双相情感障碍、婚姻问题等）做斗争。您对这些问题有何经验？
8. 请谈谈您接受过什么正规训练，以及有何收获。
9. 您认为哪些要素成就了最理想的教练/客户关系？
10. 请描述您最近经历的教练指导关系未能发挥预期作用的情况，以及您和客户从中吸取了什么教训。

第16章

顾问董事会

> 她平时常会给自己一些很好的告诫（虽然极少照着去做）。
> ——刘易斯·卡罗尔，
> 《爱丽丝漫游奇境记》的作者

劳拉·富兰克林领导的公司负责经营着一家自闭症儿童诊所。自她上任以来，我一直是该公司的董事。在一次专门会议上，我表达了有关如何拓展新市场的看法。劳拉匆匆记下，然后继续下一项议题，就像最后我说了算似的。但在下一项议题开始前，另一位董事会成员提出了不同的观点。作为一个团队，我们评估了这两种方法，最终确定了第三种方法。若非仅存在于群体动力中的想法和创造力，我们永远都不可能产生最后那个新的想法。

当你召集顾问开会，并要求他们对你所提出的问题或某种可能性自由发言时，他们会迸发出想法和创造力，这是领导和顾问的一对一对话所无法取代的。团体建议和个人建议可以被用来实现不同的目标，两者不能相互替代。

一些管理者认为，董事会侵犯了他们的自主权和决策权，甚至董事会的存在本身都可能对他们的工作构成威胁，但又不能不设立该机构。他们痴迷于企业家口口相传的恐怖故事，宁愿承受极高的代价，也要尽可能久地"保持控制"。

要解决这个问题，你要做的不是避开董事会或顾问团队，而是要正确地进行组织和管理。你与董事会成员的关系不必势同水火，也不必制造令人不适的权力动态。如果你选对了人，并将会议作为解决问题的途径，那你将释放出强大的思维能力和创造力，加速取得成功，增强而非削弱你的权威。

如果你管理的是非营利组织、社区项目或大型组织的某个部门，那你可能无法组建正式的董事会。在这种情况下，你可以成立同样有效和宝贵的顾问小组。不过，在本章中，我将符合这个宽泛定义的所有团体都简称为"董事会"。

选择董事会成员

在斯坦福大学，我们研究过一位早期创业者。一位投资人帮助他获得了银行融资，因此他想要给这位投资人一个董事会席位。当他将这个消息告诉他父亲时，他父亲表示："你的董事会需要的不是帮你获得银行贷款的人，而是教你如何经营公司的人。"他父亲用自己的方式指出，儿子正在使用错误的记分卡。

就像招聘一样，确定优秀的董事会成员的第一步是制定记分卡。

该记分卡仅限约五项关键标准，在制作时使用与招聘和识别顾问相同的子技能。

随后，梳理你的人际网络，根据记分卡，从中选择合适的人选并将其列入备选董事会成员列表。在添加人员时不必纠结，因为你后期可以删除，一开始最好进行头脑风暴，多列一些备选人员。在编写列表时，最好将供应商和雇员排除在外，因为你需要保留灵活性，方便讨论和做出可能与供应商和雇员个人利益背道而驰的决策。然后，对照记分卡研究备选人员列表（见表16-1）：

表16-1　董事会记分卡

条件	标准	你如何做出判断
董事会相关经验	担任过私人公司董事至少三次	查看领英信息 询问备选对象
可以为董事会增加价值的证据	80%的首席执行官确认他为董事会成员	推荐人： ● 如果再给您一次机会，您愿意选择他们担任董事会成员吗？ ● 您能否举例说明……
相关经营经验	拥有至少五年作为高级经理经营公司的经验	查看领英信息 询问备选对象
能够接受出差	能够亲自参与80%的董事会会议	曾一起担任董事会成员的推荐人
能够提出独特意见，也有团队合作能力	不会不假思索地同意他人的意见，能够提供独特见解，也能够与团队合作并进	推荐人： ● 您能否举例说明…… ● 是否有……的时候

在大多数情况下，正式的面试流程不仅十分尴尬，还可能导致你与最终未受邀进入董事会的人员之间生出嫌隙。如果董事会尚未成立而又

必须直接与备选人员接触并获取数据，那就以征求意见为理由，花时间私下与他们交流。如果董事会已成立，那就邀请备选人员作为专业嘉宾参加会议，观察他们如何与其他人员互动。最后，利用非正式的背景调查，结合第 1 章描述的技能，巧妙地参照记分卡研究参会的备选人员。

四分之一法则

在创业初期，我在安排董事会会议议程时主要考虑的是每个职能领域的最新进展，忽略了组织的优先级，给每个部门安排了几乎相等的时间。随后，我会增加讨论"着火的垃圾箱"的环节，但其中大多数"火事"对建立长期价值几乎毫无影响。最后，为了"展示与讲解"，我经常会描述自己引以为傲的计划或公司成就。事实上，正确的做法是利用这段时间汲取董事会成员的智慧，并解决当下最棘手的问题或抓住最大的机会。

随着时间的推移，我开始用四分之一法则来安排议程。将会议时间划分为四个部分，第一部分时间分配给董事会，向他们介绍背景信息，作为后面解决问题的基础知识。使用第十一章中阐述的技巧，这一环节的大部分工作可以通过提前提供书面信息来完成。

第二部分时间用于讨论你眼下正在处理的问题或想要抓住的机会。这些问题位于艾森豪威尔矩阵（见图 9-1）的第一、第二象限，注意不要在第三象限花费太多时间。对组织而言，董事会的最大价值几乎总是体现在第一象限。

在第三部分时间里，创建常议话题列表，这些主题是长期价值的关键驱动因素，每两年从头到尾讨论一次。该列表因行业和实际情况而异，但这些主题可能跟你组织所在的领域存在相同特征：这些领域可能不会出现特定的问题或机会,但根本性的讨论将带来好处。

例如,一家软件公司可能选择定期讨论产品路线图,而一家非营利组织可能希望每年审查其筹款策略。常议话题的切入点应考虑下面五个重点领域:

- 团队和领导力
- 产品质量
- 竞争分析
- 供应商分析
- 定价和转换成本

例如,在讨论有关团队和领导力的话题时,你可以从有人辞职或紧急赔偿问题等吸引注意力的事情入手,展开对团队情况的深入讨论。你可以讨论一些长期问题,比如培训、新的公司组织方式、薪酬战略、竞争性招聘,以及你需要采取什么措施来留住优秀员工。

无论我们如何努力,紧急事项总是挥之不去,占据重要事项的时间。为了摆脱紧急事项的控制,使用限制条件,制订仅讨论其中一两个常议话题的常议计划,如表 16-2 所示。

表 16-2　战略性董事会会议时间表

	第一季度	第二季度	第三季度	第四季度
偶数年	产品质量	竞争分析	定价和转换成本	团队和领导力
奇数年	产品质量	竞争分析	供应商分析	团队和领导力
偶数年	产品质量	竞争分析	定价和转换成本	团队和领导力
奇数年	产品质量	竞争分析	供应商分析	团队和领导力

在领导一家汽车配件区域连锁店时,我对此深有体会。我在被竞争对手包围时淡化了他们的威胁。我闭目塞听,从未将董事会会议当

作客观检验和质疑我所做假设的讨论会。如果当初主动征求董事会意见，那我就能看清威胁的本质，找到合适的道路，进军可能取得成功的市场。当时我并没有这样做，最后落得将公司出售给竞争对手的下场。

第四部分时间可以不作安排。一个常见错误是尽可能多地安排会议内容，误以为这样可以实现会议价值的最大化。这种做法没有给会议"留白"，因而董事会成员无法提出计划之外的话题（就像我们与劳拉讨论如何扩大连锁诊所一样）。时钟滴答作响，所有人都感到匆匆忙忙，没时间讨论计划外的话题，这就不可能激发出新的想法和创造力。

组织会议

你的工作是激发想法和创造力，而非提供材料和回答问题。换言之，如果说董事会成员是乐手，那你就是管弦乐队的指挥。就像与顾问的对话需要使用六部分框架进行管理一样，要想确保董事会会议取得最佳结果，需要遵循以下四个步骤。

1. 陈述目标

首先阐明目标：怎样算是成功。你要使用成功召开管理层会议的技巧，尽可能清晰、简单地陈述你想要解决的问题或想要抓住的机会。

接下来，你需要明确你希望他们做什么，具体可分为四类：提出建议、做出决策、给予批准或提供决策背景。你必须确定希望他们做出哪一类行动。例如，如果你在寻求建议，这就是在告诉董事会，他们应重点检验你的想法，提供思考框架，质疑你的假设，利用他们的经验和模式识别能力，并避免做出可能被理解为指示的评论。

在阐明目标和董事会职责时，使用清楚、无歧义的语言。下面是同一个目标在四类行动中的不同陈述：

提出建议："关于是否对我们的小客户提价，我在决策前想听听董事会的建议。"

做出决策："董事会必须决定是否对我们的小客户提价。"

给予批准："我希望你们能批准公司推进对小客户提价的行动。"

提供决策背景："我提高了对小客户的服务价格。我想让你们知道我为什么这么做。"

2. 提出澄清问题

任何人都可以有自己的观点，但事实就是事实，所以在讨论之前，要求每位董事会成员澄清问题。例如："请问你如何界定'小客户'？""我们的竞争对手对同样的服务收费多少？"或者"我们上次涨价是什么时候？"

与管理层会议相比，在董事会会议上管理该步骤的难度更大。我们必须面对现实，董事会成员比员工更难培训。为了防止董事会讨论变成辩论，会议一开始就要明确内容，不要含糊不清。例如："在切入正题之前，我想确保大家都理解了这些材料。为此，我们先来说说澄清问题，然后再开始讨论。李翔，从你开始吧。你有什么澄清问题吗？"

你要清楚说明，你会请每个人分别发言。这样大家便不需要寻找提出自己问题的机会，可以全神贯注地倾听。有时，董事会成员的发言会从澄清问题演变成讨论，这种时候你就可以说："梅琳达，你的看法值得进一步讨论。如果不太急的话，我们先解决澄清问题，然后再回过头来请你谈谈刚刚分享的看法。"接着，你要将回头讨论这一点记录下来。单凭你做书面记录这一点，就能让梅琳达相信你打算回过头来讨论她的看法。

3. 促进讨论

你的工作是控制讨论走向，激发董事会最卓越的想法和创造力。但是，一个主要的挑战是，你的时间有限。因此，你不应浪费时间复述提前阅读的材料上已经提供的内容。如果需要补充任何信息，你应根据准备好的笔记发言。提前整理思路，这样可以大幅缩短介绍材料的时间。

接下来，随着讨论的展开，不要对每个意见都做出回应。你不需要对每件事都表达意见。强调每个细节将消耗精力，因为这样是在强迫所有成员听取你对他人提及的每个细节的意见，进而将会议变成对你个人的采访，而非一个充满想法和创造力的讨论会。另外，你不必对他人说的话做出回应，这样你能成为更好的倾听者。史蒂芬·R. 柯维曾经这样警示过："大多数人在倾听时并不是想着如何理解，而是想着如何回应。"最关键的是，这种做法会阻断董事会内部的有效交流。当董事会成员彼此交谈，而你也一直在吸收、学习而非回应时，你就知道自己是成功的。

在指挥管弦乐队时，你要确保听到所有乐器的声音。如果有一位董事会成员少言寡语，你可以这样让她参与对话："王莎，我估计你在惠灵顿时见过类似情况。你是怎么处理的？"

最后，你必须保证谈话不偏离方向。你可以偶尔重新引导对话方向，回到你试图解决的问题或希望抓住的机会上，这样董事会就能明白其中的关键点。如果有人提出值得讨论但不相关的话题，你可以先将它放在"停车场"，等待进一步的讨论。你可以说："我想确保我们先就涨价问题做出决议，所以我先将这个话题记下来，如果时间允许的话，我们再在会议结束前回过头来讨论。"

4. 完成闭环

在进入下一个议程主题之前，向董事会阐明你认为董事会成员已决定或商定的内容，特别是在董事会成员热烈、积极地交流后，可能已经改变或被修改的内容。例如：

提出建议："董事会就是否提价的决策向我提供了指导。我觉得董事会的意见是……"

做出决策："我的理解是，我们同意将小客户的价格提高7.4%。"

给予批准："我的理解是，各位已经同意将小客户的价格提高7.4%。"

提供背景："我想让你们清楚了解我提价7.4%的影响和原因。请问各位还有其他问题吗？"

无论你在会议中表达得多么清楚，误解都在所难免。所以，会后应发送一封简短的电子邮件，列出大家商定的内容，基本上就是重述你口头总结的内容。在写邮件时，不必太过在意形式，以效率为重。记忆会很快消逝，与几天后发送经过打磨的会议摘要相比，会后一小时内发送粗略的电子邮件更为可取。任何待办事项、未来可交付成果和交给任何董事会成员负责的任务都应悉数记录在邮件中。

总结

在担任首席执行官时，随着经验的积累，我学会了在每次会议后问自己一个简单的问题："我的行动会因这次会议而改变吗？"我开会的目的不是让董事会相信我正走在正确的道路上，而是在促进思考和创造力的环境中寻求并听取建议。随着时间的推移，我学会了跟他们讨论需要解决的难题和需要研究的重大机遇，而不是炫耀自己的绩效或提供无法执行的措施、令人生厌的背景信息。这个简单的问题可以让我打消将会议变成"庆祝性绕场环跑"或"历史课"的想法。它敦促我以促进思考和创造力的方式主持会议，从而产生价值。

顾问董事会

1. 召集多名顾问开会，要求他们对你所提出的问题或机会自由发言，以激发想法和创造力。
2. 确定董事会成员人选的步骤：
   a. 记分卡仅限采用五项关键标准。
   b. 梳理人际网络，从中选择合适的人选并将其列入备选董事会成员列表。
   c. 私下花时间与他们接触，向他们征求意见。
   d. 如果董事会已成立，那就邀请备选人员作为专业嘉宾参加会议，观察他们如何与其他人员互动。
   e. 利用非正式的背景调查。
3. 使用四分之一法则安排议程：
   a. 提供了解组织状况所需的最新信息。

b. 讨论从艾森豪威尔矩阵第一、第二象限挑选的重要问题。

c. 讨论常议主题（例如团队和领导力、产品质量）。

d. 不做具体安排，方便讨论临时想到的话题或展开讨论。

4. 主持会议：

   a. 阐明你的目标和董事会职责：寻求建议；做出决策；给予批准；提供背景。

   b. 提出澄清问题。

   c. 像管弦乐队指挥一样促进讨论，确保所有"乐器"都有机会被听到。

5. 不要回应每个意见。你要做的是激发董事会成员的想法和创造力。

6. 在每个话题讨论结束时完成闭环，确保大家已协商一致。

第四部分

THE MANAGER'S HANDBOOK

设定并坚持优先级

第17章

关键绩效指标

> 每年都是一个马拉松,每天都是一个百米冲刺。
>
> ——张瑞敏,
> 海尔集团创始人

钱多斯·马洪是美国最大的橡胶回收公司的首席执行官。这家公司每年回收处理超过两亿磅(约9072千克)橡胶,出产操场材料和发电燃料等副产品,拥有一座国际航运码头、多家处理工厂和一支大型卡车车队。

钱多斯的业务连年增长,但利润始终保持不变。随着公司结构日益复杂,增加的收入似乎总是会被管理成本抵消。钱多斯向我寻求帮助,于是我要求他提供他在管理业务时所用的数据。他给我发了三份密密麻麻的电子表格,上面全是描述过去事件的历史数据,却没有帮助他做出前瞻性决策的关键绩效指标数据。从这些资料来看,难怪这家公司的利润无法增长。

我发现,许多刚踏上领导之路的管理者都有这种情况。在我们职业生涯的早期阶段,主要的考核标准是收集和呈现历史数据的能力。这种习惯根深蒂固,难以改变。以前有一名学生曾跟我说:

> 我之前的工作就是写重大报告、处理数据、做"研究"。这些任务决定了我的价值。但我发现,它们跟做管理没什么关系。身为管理者,我要做的是让自己和公司专注于未来,而非描述过去。我必须明白历史数据和可以付诸行动的信息之间的区别。

哈佛商学院有一个团队用3个月时间跟踪记录了27位高绩效首席执行官的每一天,以15分钟为单位,总共收集了超过6万小时的数据。[1]该团队的一项重要发现是,这些首席执行官都用简单的关键绩效指标来了解公司情况。他们要的是直截了当的事实,要求内容简洁清晰,形式易于与团队成员分享,以便做出影响未来结果的决策。不过,关键绩效指标容易与历史数据相混淆,要想理解二者之间的差异,首先要在正确的高度看待问题。

在正确的高度看待问题

我让钱多斯回答一个简单的问题:"在忽略一切要素的情况下,仅有一件事会为你带来成功,那这件事是什么?"他是完美主义者,这个问题与他的习惯背道而驰。他不懂为何我坚持要求只能说一件事,但还是同意想一想。几周后,他告诉我,最重要的是销量。但他看待问题的高度太高了。[2]

于是，我接着问他，提高销量的最佳途径是什么。他表示，最简单的办法是让客户爱上他的服务。他的理论非常简单：如果客户感到满意，那就会向他购买更多的产品，不太可能转投竞争对手的怀抱。客户满意了，销量就会提高。现在，有点进展了。根据这个信息，我建议他与客户沟通，向他们提出第13章的问题。

他听取了我的建议，发现了一项能让客户满意的服务。根据这个发现，我设计了一项关键绩效指标，围绕这项指标开展经营活动。后来，他补充了第二项和第三项关键绩效指标，现在只须依赖这三个指标完成日常事务。他之后告诉我：

> 以前，我觉得应该收集所有的信息。现在回想起来，这种做法比确定并跟踪少数影响深远的事项要容易。但只要弄清楚哪些事项影响深远，后面的路就好走了。如今，所有团队成员都知道我们的三个关键绩效指标，我们每天做的就是达到目标。自从设立了这些指标，我们一直在刷新利润纪录。

务实、可执行、可衡量

赫布·凯莱赫是美国西南航空公司创始人、前首席执行官，他在帕洛阿尔托的一间酒吧里告诉我，一项关键绩效指标拯救了他的公司。他跟我讲了下面这个故事。1972年春，西南航空公司的支票账户里仅剩143美元。为了生存，公司不得不出售仅有的4架飞机中的一架。西南航空瞄准其核心市场得克萨斯州，将机票价格定得低于美国航空，但现实表明，如果不能根据该价格制定实现盈利的成本结构，这个定价就不具有可持续性。

要想避开倒闭的命运，西南航空的飞机必须在落地后10分钟内卸客卸货、添满饮料、点心，组织下一航班乘客登机并驶离登机口。"飞机只有在飞行时才赚钱。"凯莱赫解释道。这项关键绩效指标被称为"10分钟过站"，它刺激整个公司重新焕发生机，起死回生。为何这项指标会有如此大的力量？原因就在于它务实、可执行、可衡量。

"10分钟过站"是务实的，因为它增加了飞机的飞行时间，使得公司收入大幅提高。这项指标是可执行的，因为它可以推动相关人员做出实时操作决策。例如，西南航空不会等到乘客全部下机后才开始清洁机舱，空乘人员在最后一名乘客向前移动时就开始清洁。当乘务员向最后一名乘客说再见时，飞机已经差不多被彻底打扫干净了。这项指标还是可衡量的，因为只需一只手表就能计算出飞机在登机口停靠的时长。

历史财务报表推动做出经营决策的事例少之又少。但哈佛大学教授克里斯托弗·伊特纳和大卫·拉克尔发现，像凯莱赫这样在非财务绩效中发现成功机遇的公司仅占23%。[3] 当竞争者沉溺于审查季度收益时，西南航空公司依靠一项务实、可执行、可衡量的关键绩效指标进行管理。得益于这种方法，凯莱赫完胜美国航空。

化繁为简、简单易懂、频率适当、格式简单

仅当一线员工能理解并使用关键绩效指标时，这项指标才能发挥作用。通常，只有公司董事会和高级领导层才会讨论关键绩效指标。但是，他们并非能够在日复一日的工作中做出决策，并影响飞机在多长时间内驶离登机口的人。关键绩效指标应该主要面向一线团队。为了让关键绩效指标发挥作用，你必须切实遵守化繁为简、简单易懂、频率适当和格式简单的原则。

化繁为简

在向团队传达关键绩效指标时,少即是多。首先,如果指标之间有所重叠,那就删除重复的指标。例如,假设你是电话客服中心的负责人,知道 80% 的通话中断是由于通话等待时间过长,那你就不必同时设定有关通话等待时间和通话中断的两项标准。如果你减少通话等待时间,通话中断率自然会下降。同样,通话中断的解决方案可能与通话等待时间长的解决方案相同,任选其一即可。这样你不仅可以获得几乎相同的效果,还能更好地向员工说明单项关键绩效指标。要明白,从本质上看,关键绩效指标并非准确衡量各方面经营情况的手段,而是指导前瞻性管理决策的手段。

简单易懂

如今,我们拥有强大的数据收集和处理能力,可以制定出一线团队怎么也想不明白的复杂关键绩效指标。回到上面电话客服中心这个例子,我们可以将通话等待时间的平均值作为关键绩效指标,目标为 45 秒。这并不难,但问题是,下面这两组(分别有 5 个电话)通话等待时间的平均值是一样的:

48,51,26,76,46(平均 49 秒)

32,17,41,24,132(平均 49 秒)

在第一组中,只有 1 个电话的通话等待时间在 45 秒内,这表明存在系统问题。在第二组中,只有 1 个电话严重偏离平均值,这属于例外情况。系统性问题与例外情况需要不同的解决办法。

一个办法是计算标准差,[4] 标准差的计算公式如下:

$$f(x) = \frac{1}{\sigma\sqrt{2\pi}} e^{-\frac{1}{2}\left(\frac{x-\mu}{\sigma}\right)^2}$$

但是，关键绩效指标必须简单易懂，不能艰深晦涩。在西南航空公司的例子中，凯莱赫原本可以将关键绩效指标分解为飞机飞行时间、停靠时间和空闲时间各自所占的百分比。当时，航空公司一般会根据每天不同时段和机场拥堵情况调整这些指标。这样计算的资产利用率会更准确。但是，这样设置会让每位行李搬运工和登机口工作人员大惑不解，无法令西南航空起死回生。

回到客服中心的例子，更好的解决方案是牺牲部分精确度，使用每个人都能理解的关键绩效指标。例如，符合标准的通话数量有多少。这很容易理解，它解决了系统性问题和例外情况，电话客服中心的每名成员现在只需要了解一个简单的关键绩效指标：通话等待时间在45秒内的百分比。

48，51，26，76，46 ═ 20% 的通话符合标准
32，17，41，24，132 ═ 80% 的通话符合标准

频率适当

你应依据组织在收到信息后采取行动的速度，而非你收集数据的频率来传达关键绩效指标。如果通话等待时间问题主要通过配置更多人员来解决，并且人员配置按双月计划管理，那么应在制订人员配置计划之前，再发布一次月度关键绩效指标报告。相反，如果团队成员的工作模式是谁有空谁就接听来电，那么数据最好按分钟查看。

收集数据会产生成本，因此要小心谨慎，实际收集频率应低于你认为必要的频率。在收集信息时留意一下，如果提高收集信息的频率，

你是否会做出更好的经营决策。你可以增加或减少频率，直到传达关键绩效指标的频率与你根据数据采取行动的能力相匹配。

格式简单

精心设计格式会产生成本。电话客服中心经理可以省下绘制精美图表和制作详细演示文稿的时间，将其用于指导员工、物色新员工或耐心地与不满的客户进行沟通。最优秀的领导者不会在办公室里做表面文章，那些吸引眼球的图表和五彩缤纷的演示文稿对根本性内容没有任何帮助。他们也明白，单是自己惜时"成癖"是不够的，整个团队都必须如此。在西南航空公司的例子中，关键绩效指标的格式就是一个数字。

总结

赫布·凯莱赫发现了过站时间和盈利能力之间的联系，这是一项成就。不过，单是发现这个因素还不足以对西南航空公司产生影响。作为领导者，凯莱赫的天才之处在于，他让整个组织围绕一个关键绩效指标团结起来。除关键绩效指标以外，他还表扬团队、激发热情、提供奖励。在这种模式下，团队可以自行做出帮助飞机起飞的作业选择，并为此感到自豪。

在庆祝成立 50 周年时，西南航空公司撰文讲述了"10 分钟过站"是如何力挽狂澜、帮助公司发展为史上盈利能力最稳定的航空公司的。[5]

这项措施后来被称为"10 分钟过站"，它是一项全员参与的行动。只要飞机落地的消息一到，休息室里的所有人员就像参与消防演习一样立即行动。他们砰地关上午餐盒,停止交谈,纷纷奔向自己的岗位。在飞机驶离登机口前,他们必须完成 100 多项任务,只要有一项任务延误,整个行动都会被打乱。这意味着谁都愿意去倒垃圾或添满花生,飞行员、补给人员甚至赫布·凯莱赫本人都是如此。

关键绩效指标

1. 最出色的领导者要的是简单明了的事实,形式要易于与团队成员分享,以便做出影响未来结果的决策。
2. 首先问自己一个问题:"在忽略一切要素的情况下,仅有一件事会为我带来成功,那这件事是什么?"
3. 根据三个要素衡量每项潜在的关键绩效指标:
   - 务实
   - 可执行
   - 可衡量
4. 向须在作业过程中做出决策的对象和一线团队传达关键绩效指标时,请将以下概念牢记于心:
   - 化繁为简
   - 简单易懂
   - 频率适当
   - 格式简单
5. 关键绩效指标的妙处在于,它让整个组织围绕一个关键绩效指标团结起来。

第18章

经营计划

> 如果给我六个小时砍倒一棵树,我会用前四个小时磨利斧头。
>
> ——亚伯拉罕·林肯,
> 美国第16任总统(1861~1865年)

麦克·弗林特在为沃伦·巴菲特驾驶私人飞机十余年后,开始思考职业生涯的下一个篇章。他向他的老板巴菲特征求建议,后者让他写下人生最重要的25个目标。数日后,弗林特列出了25个目标。巴菲特几乎看也没看一眼,便让弗林特圈出最重要的5个目标。他接着告诉弗林特:"其他没有圈出的,就是你必须尽一切努力不去做的事情。在成功完成最重要的5个目标之前,不要将注意力浪费在这些事情上。"

巴菲特向弗林特传授的经验是,确定优先级并非对没有吸引力的想法说"不",而是对有吸引力的想法说"不"。但是,这对于雄心勃勃、富有创造力的管理者而言谈何容易。他们会错误地认为,只要组织的行动能够跟上他们所有的想法,那列表上的目标就能全部实现。这种观点的问题在于,你提出好想法的速度总是超过组织实现它们的能力。这并不是因为团队行动迟缓。你可能在下班开车回家时灵感迸发,产生新想法,但要将想法付诸实践,团队必须采取具体行动,例如,招聘人员、购买设备、确定供应商,同时完成相应的会计工作——所有这些行动都会与现有业务同步开展。

由于野心和现实之间的矛盾,你需要用一个流程来确定优先级——人们很少自然而然地放弃许多好的想法。确定机构优先级的流程始于制订年度经营计划。

经营计划不等于预算。预算是对未来财务结果的预测,其本身价值有限。经营计划是对下一年目标和优先级、进展衡量指标及目标实现路线图的阐述。有了经营计划,组织就能集中力量完成一系列优先事项,形成面向未来的决策,并协调利益相关者和管理层执行战术计划。

创造机会

首先,制定基线预算,它代表团队认为在不采取任何新措施时公司会出现的情况。[1] 换言之,基线预算就是大家按部就班地开展手中的工作时公司将如何运转。

假设你去年新开了两家店,它们将使明年的收入增加15%。那基线预算就包括这部分预期收入增长,它将现有措施与你可能采取的新措施区分开来。基线预算不必十分详细或准确,只须包括利润表和预期关键绩效指标。

有了基线预算，接下来需要组织的领导团队为下一年的计划进行头脑风暴。务必充分发挥团队的创造力，不仅要听取最直率或最资深的成员的意见，还一定要征求每个人的意见。第 11 章介绍了一个简单技巧，要求领导团队按资历深浅，从资历最浅的人员开始依次发言。

在此过程中，需要考虑到通过向员工、顾客、供应商和竞争对手的员工提出的五个问题所了解到的信息。在把控头脑风暴的节奏时，请使用第 16 章和第 11 章介绍的概念，最大限度地提高提出想法和发挥创造力的速度。

为下一年制定了一系列潜在的措施后，你应立即删除前景有限的措施，并重点完善其余措施，充实足够的战术细节，了解需要付出多大的努力和大致成本。例如，假设其中包括一项建设内部销售团队的想法，你应快速创建列表，其中应包含主要步骤和相关成本及收入。你的列表可能是这样的：

内部销售团队建设措施：

招聘一名向张莉汇报的销售经理

王科招聘 2~3 名内部销售代表，负责拓展与现有客户的业务

如此一来，现有的销售代表就可以与李丽一起开发新业务了

成本：7.5 万美元（经理），4.5 万美元（每名销售代表）

收入：每名销售代表带来 20 万美元的收入，6 个月后毛利率上升 45%

在确定了少数前景光明的措施，并列出了主要步骤和财务影响后，在表格中总结这些想法（见表 18-1）。

表 18-1　经营计划措施矩阵

	措施 A	措施 B	措施 C	措施 D	措施 E	措施 F	措施 G	措施 H
利润影响	中	无	高	无	低	低	高	高
成本	中	高	无	低	高	高	中	低
回收期	18个月	36个月	6个月	18个月	48个月	3个月	6个月	即时
复杂性	低	高	中	低	低	高	中	中
成功概率	高	中	低	中	中	低	高	中

现在，划掉列表上的几乎所有的措施

在苹果公司制定年度规划的过程中，史蒂夫·乔布斯会带领100名高级管理人员进行年度团建，畅想来年的发展机会。规划列表完成后，乔布斯会宣布："我们只选择其中3个。"[2] 列表上的其他项目就成为苹果公司"尽一切努力不去做的事情"。为了强调这一点，乔布斯会在这一年中经常询问领导团队成员："今天你们对多少件事情说了不？"乔纳森·伊夫曾多年担任苹果公司的首席设计师，他在谈到苹果的这个做法时表示："专注意味着竭尽全力对你认为了不起的一些想法说不。"[3]

不要害怕犯错，加法总比减法容易做。如果公司采取了过多措施，导致必须做减法，那组织往往会因求胜心切而承受巨大压力，导致拖垮团队、打击士气、分散精力，最终承认失败。相反，如果你提前完成了目标措施，并且还有机会做加法，那你完全可以再采取其他措施。这不仅不会产生成本，还可能提升士气。

刚踏上管理之路的领导者往往相信抱负和热情能提高能力。卓越的领导者懂得如何设定恰当的速度限制。因此，专注的组织总是会比同行表现得更好。沃伦·巴菲特说过："成功人士与卓越人士的差异在于，卓越人士懂得对几乎所有事情说'不'。"[4]

寻求并听取建议

运用第三部分的子技能，与顾问讨论初步经营计划和关键措施。在此过程中，考虑以下五个要素：
- 介绍基线预算和前一年的经营计划；
- 解释关键措施及进度衡量标准；
- 描述你放弃的前景最光明的措施；
- 提出实施关键措施的战术计划；
- 提出将关键措施与基线预算相结合的粗略预算。

与顾问讨论的目的并非说服他们接受你的经营计划。你要做的是推动对话，激发想法和创造力。因此，如果顾问尽职尽责，那他们会提出你疏于考虑的问题和挑战。你要乐于听取这些内容。

不过，你也是个普通人，在听到他们的反馈和建议后，先不要采取任何行动。你对关键措施和拟议经营计划投入了大量时间和精力，如果立即深入研究顾问所提出的问题和挑战，你将很容易受到确认偏误的影响，会想方设法地否认任何与你立场相反的观点。为了避免这种情况，在听取顾问的建议之后，应过几天再来处理。

你在征求意见和考虑做出变化之后，确定了关键措施，可以将这些措施与基线预算相结合，制订简短的战术计划。该计划不应冗长而详细，否则它在这一年内都不会被人提起，成为被束之高阁的商业艺术作品，而非经营组织的工具。使用类似 4cm × 6cm 大小的索引卡卡片，注明每位经理在经营计划中扮演什么角色，本质是什么。甚至可以考虑在每位经理的办公桌上放置装有关键措施卡片的透明方框。如此一来，他们每天都会看到自己所扮演的角色，可以更好地对任何阻碍他们的事情说"不"。

十倍的力量

在我担任亚胜董事几年后，董事会收到了一份可能会让公司脱胎换骨的招标书。当时，公司有 150 名员工，收入不到 2500 万美元。在收到招标书后，首席执行官凯文·塔维尔咨询他的团队："如果我们集中相对于正常情况十倍的力量，结果会怎么样？"他的团队认为他是在夸大其词，但凯文是认真的。他想利用十倍的力量，看看如果他们实际付出十倍的努力，会发生什么。结果亚胜中标，公司踏上了收入数十亿美元的道路。

十倍的力量一直是亚胜的武器，不过他们知道如何有选择地使用：仅当发现巨大机会或严重问题时，才值得放弃几乎所有其他关键措施，专注于一个优先事项。面对这种情况，凯文在让团队放弃其他任务时总是十分小心谨慎。他如果只是在口头上要求人们工作再努力一点，最终效果会很差——这样绝不会起作用。

总结

在畅销书《瞬变》中，奇普·希思和丹·希思建议放大闪光点，"找出奏效的方法，然后不断重复"。[5] 你可能觉得这项建议太过平淡无奇，但这本著作曾连续 47 周登上《纽约时报》畅销书排行榜。这本书之所以如此受欢迎，是因为我们大多数人都弄错了重点，浪费时间追逐新鲜、吸引眼球的东西，殊不知我们应该做的是将更多精力放在已经奏效的方法上。我们投入太多精力挽救困境，或追逐未经验证的想法，却忽视了潜力巨大的机会。

业界流传着一些罕见的传奇故事，比如领导者有一个想法，在实行时举步维艰，而这位领导不屈不挠，最终取得了成功。在大多数情况下，固执己见是在浪费时间，且分散了组织的精力。通常，最简单、最快速的前进方式就是不断重复已经奏效的方法：放大闪光点。

在制订经营计划时，以基线预算为起点，寻找那些敞开的大门。如果你的当前计划效果良好，那就考虑朝着同样的方向，以稍快的速度再发展一年。经营计划蕴藏着智慧：最具独创性的做法莫过于放大闪光点，直至它不再有效。

> **经营计划**
>
> 1. 确定优先级就是主动对有吸引力的想法说"不"，这样你就可以不受那些想法干扰，始终关注最重要的目标。
> 2. 经营计划不等于预算，而是对下一年的目标和优先事项、进展衡量指标及目标实现路线图的阐述。
> 3. 首先，制定基线预算，它代表团队认为在不采取任何新措施时公司会出现的情况。
> 4. 召集团队为下一年的计划进行头脑风暴，最大限度地激发想法和创造力。
> 5. 删除前景有限的措施，并完善其余措施，充实足够的战术细节，了解需要付出多大的努力和大致成本。

6. 划掉列表上几乎所有的项目。
7. 寻求并听取建议。不要说服顾问接受你的计划。相反，接受他们不带偏见的指导。
8. 在发现值得放弃所有其他项目的问题或机会时运用十倍的力量。
9. 放大闪光点。最简单和最快的前进途径就是不断重复已经被证明有效的方法，做同样的事情，朝着同一个方向，更快地发展。

第19章

利用薪酬，统一努力方向

> 如果你选对了人，给他们机会展翅高飞，
> 并以薪酬为依托，那你几乎用不着管理他们。
>
> ——杰克·韦尔奇，
>
> 通用电气前董事长兼首席执行官

我女婿找了份新工作，不仅薪酬没有增加，佣金分配比例上限还从50%下降到20%。他曾供职于两家大型软件公司，总是以同组最优成绩完成任务，但他还是决定去一家规模小但发展快的公司试试。那些思想传统的人会认为，他在新职位上肯定不如之前工作卖力。毕竟，激励薪酬不就是这样起作用的吗？

但作为典型的明星员工，我女婿努力工作的动力从来都不是向他亮出高薪的雇主。斯坦福大学前教员吉姆·柯林斯成立了一个研究小组，研究成果汇集成《从优秀到卓越》一书。当时，研究人员收集的

数据达到384兆字节之多，令人咂舌。他们的研究结论揭示了一个真相，即薪酬计划带来的经济奖励并非驱动行为的一个因素：

> 我们试图发现，有效的激励措施，尤其是对管理人员的激励措施，和实现从优秀到卓越的跨越高度相关……（但）我们并未发现什么系统性的联系。
>
> 如果你有合适的管理人员，在他们力所能及的范围内，他们会为创建一个伟大的公司而竭尽全力，不是因为这样做会有什么好处，而是因为他们根本无法想象除此之外他们还能做什么。

这项发现与我们持有的经济报酬可以换取劳动产出增加的传统观念背道而驰。这种过时的观念认为，优秀的员工在工作时会有所保留，不会全力以赴，直到他们得到更高的薪酬。如果你已经采用本书第一部分（不遗余力组建团队）的概念，那想必你已经组建了一支优秀的团队，这样的团队，其成员的工作努力程度不会取决于薪酬高低。

事实上，公司业绩是技术熟练、积极进取的团队共同协作的结果。人是复杂的生物，容易受到他人评价、工作是否有趣、本人对公司和老板所持态度及是否属于制胜团队的影响。瀚纳仕人才管理咨询有限公司的一项调查发现，71%的受访者表示，如果福利待遇、公司文化和职业发展机会合适，他们愿意接受薪酬较低的工作。[1]虽然有些家庭受现实条件所迫，不能接受较低的工资，但数据显示，大多数人愿意放弃部分薪酬来选择自己喜欢的工作。

这意味着可变薪酬至关紧要，但这并不是因为经济报酬可以让优秀团队成员更努力地工作。员工希望了解公司对自己的期望，知晓明确的衡量标准,并在出色完成工作时得到表扬。卓越领导者会将可变薪酬视为满足这些愿望的制度化过程。设计正确的可变薪酬是强大的工具,有助于团队设定并坚持优先级。

可变薪酬

薪酬主要有三种:基本薪酬、福利待遇和可变薪酬。在了解这些薪酬类型如何共同发挥作用之后,你可以巧妙地设计薪酬方案,激励团队按照优先级共同努力。

基本薪酬可以预测,你不可能不清楚自己的工资。因此,基本薪酬应足够员工制定家庭预算,并为未来(例如,子女的大学学费和买房首付款)储蓄。福利待遇也可以预测,但与基本薪酬不同的是,不同员工对福利待遇的评价会有差异。假设一项健康计划需要公司每年支出一万美元,那这项计划对打算组建家庭的员工而言价值较高,而对享受配偶健康计划的员工而言则价值较低。头等舱机票对一些员工而言很有价值,而另一些员工则可能更愿意坐经济舱,以换取更高的基本工资。

在制定福利待遇时,注意不要试图面面俱到。你的目标不是垄断整个劳动力市场,你只是要填补空缺职位。你可以设计几个诱人的条件,筛选出足够多满足公司需求的人选,而不是采用任何人都不太感兴趣的千篇一律的策略。

在考虑任何可变薪酬之前,先提供足够的基本薪酬和福利待遇,让团队成员有安全感。为了激励员工更加努力地工作,领导者可能会选择制造经济压力和焦虑,但这种做法几乎不会奏效。

可变薪酬向员工指明了集中精力的方向,伴以表扬机制和奖励制度。可变薪酬是设定并坚持优先级的有力工具。首先，不要将可变薪酬作为融资渠道，这样你才能根据公司当年的效益上调或下调可变薪酬的金额。有些公司的可变薪酬是分红或基于总利润的年终奖。这种做法会形成吸引庸才、驱逐良才的制度，因为如果无差别地奖励所有人，那就意味着表现较差的员工的奖励会超过其应得份额，而表现优异的员工的奖励会低于其应得份额——取平均值就会出现这种情况。当分红的规定比较笼统时，就无法起到对分配给团队成员个人的优先事项予以强调的作用。

在确定哪些人员可以享受可变薪酬时，不应将资历作为判断标准，也不应将享受该薪酬视为地位的体现。你要寻找对实现关键绩效指标和促使经营计划成功有直接作用的团队成员。如果公司的成功取决于"10分钟过站"，那么更有效的方法可能是向负责送花生上飞机的团队，而非向首席财务官提供奖励。

薪酬、关键绩效指标和经营计划

可变薪酬计划应与关键绩效指标和经营计划直接挂钩，并成为集中团队力量和奖励团队目标实现能力的手段。在向团队传达经营计划和关键绩效指标时，强调你的优先级，将可变薪酬计划与这些目标紧密结合。与根据上一季度收益报告分享成果不同，这种做法是在表扬和酬报个人为成功完成"10分钟过站"而做出的贡献。

一个组织每次只能关注几个关键绩效指标或优先事项，因此要避免陷入"广撒网"的误区，不要列出大量无关紧要的元素。最佳可变薪酬计划应包含一至四项衡量标准，所有标准都与经营计划相关，每项标准都对最终发放奖励至关重要。

SMART 原则

彼得·德鲁克在《管理的实践》[2]一书中提出了 SMART 原则：

- 具体（Specific）
- 可衡量（Measurable）
- 可实现（Attainable）
- 有关联（Relevant）
- 有时限（Time-Bound）

具体和可衡量

在不知道该瞄准哪里时，很难击中目标。如果你告诉一名经理，他获得奖励的标准是"按规定收款"，但不说明该标准的具体内涵和你打算如何来衡量，那就别指望这名经理能做到。为了改善收款情况并统一行动，你需要设定具体、可衡量的目标。

制定具体、可衡量的目标时，不能仓促行动和图省事。与"按规定收款"相比，设定"到 3 月底，将逾期 90 天的账单总额减少到 4 万美元"的目标需要付出更多努力，但同时成功的可能性也会大幅提高。对那些不易简化为数字目标的优先事项而言，情况也是如此。如果没有具体、可衡量的目标，成功的可能性也会很小。非数字的目标也可以具体、可衡量，但你需要付出更多努力。

我们回顾一下第 12 章的例子，当时我们委派的任务如下：

> 我们需要预估不同类型区域（办公室、仓库、车库）的面积，创建到主要客户公司 20 分钟车程的地理围栏——可以使用 Geotech 公司地图软件。

运用具体和可衡量的概念，在可变薪酬中添加具体、可衡量的元素，增大成功的可能性：

> 在第一季度，你25%的奖励将与我们续签租约还是搬迁到新址的决定挂钩。我希望你的报告包含以下要素：①部门需要的面积；②对外出租的三个备选新址；③驾驶时间地图……

显然，你需要在任务初始阶段付出额外的努力。不过，将可变薪酬计划与委派工作挂钩后，你就清楚阐明了目标，并为你和员工确定了衡量成功的标准。

可实现和有关联

你要让员工觉得，完成计划在他们的能力范围内。在管理组织时，一些管理者可能会采取经济激励措施，希望员工在金钱的刺激下更加努力工作。这种方法很简单，但不会奏效。正如我的同事、斯坦福大学教授杰弗瑞·菲佛所写的那样："可惜，在培养领导力方面罕有捷径——试图用经济激励措施来解决公司问题也没用。"[3] 为了建立可实现的目标结构，可以使用两个简单的概念。

第一，设定合理的目标，确保你的经理有80%的可能性完成基本计划。随后，使用浮动比例计算奖励，消除赢家通吃的结果。这样，你实现基本目标的可能性将达到80%，同时还制定了对超额完成任务和更多可实现结果的奖励机制。

例如，假设该计划涉及每个季度的客户保持率。你在经营计划中设定的目标是94%，所以经理激励性薪酬的第一个等级可以设定为94%的客户保持率。不过，经营计划还要对96%的保持率设定奖励标准。同样，如果经理们离完成目标差了一点点，他们还是会获得一些奖励（见表19-1）。

表 19-1　奖励计划

客户保持率目标	实现保持率				
	0%	25%	50%	75%	100%
	92%	93%	94%	95%	96%
奖励金额	–	1250 美元	2500 美元	3750 美元	5000 美元

第二，尽可能地增强员工的掌控能力。为我的第一任首席财务官制订奖励计划时，我采用的标准是将开支控制在他所在部门的预算范围内。但预算中的一些开支根本不受他控制，比如房租（在租约中约定）和保险费用（取决于员工总数）。所以，我在他的奖励计划中删除了这些项目，并为他设计了新的奖金结构，根据对他而言可控性更强的可调整预算来衡量绩效。

有时限

奖励应至少每季度发放一次。凡是低于该频率的奖金发放都过于抽象和遥远，无法起到激励作用。年终奖无法及时对年初成就给予肯定。例如，如果你要求一名经理在当年第一季度组建内部销售团队，那么根据年度计划，你要等到九个月后才会对这项工作给予肯定。此外，对于计划中的主观要素，每季度衡量业绩可以避免近因偏差的影响，否则我们可能会过分重视年底发生的事件，对当年第一季度表现出色的员工奖励不足，而对年底表现出色的员工奖励过度。

由于获得奖励与取得工作成果之间的间隔时间过长，年度计划还会导致紧迫感下降。等到项目或计划成功六个月后才表扬是在浪费奖励方案的非货币性价值。年终奖也未考虑员工全年表现的正常波动。如果员工在上半年犯下大错，那么根据年度计划，无论他在下半年表现得多么出色，都不会得到任何奖励。但如果计划每季度重启一次，他就会有一个新的开始。另外，季度奖励制度创造了四次奖励和反馈的机会，符合即时绩效反馈的要求。

定性目标：90天计划

经营计划通常包括对公司长期成功至关重要的工作，但不会产生即时财务结果或直观的衡量数值。例如，新佣金计划的益处不会直接体现在新增销量中，但可能对组织的长期成功至关重要。为了解决该问题，你可以按90天计划的形式设置定性目标。

90天计划应包含SMART原则中的要素。例如，你可以明确规定，佣金计划应包含如何引导当前的销售团队向新计划过渡，以及招聘人才和解决任何员工流失会带来的影响。你要充实这些细节和里程碑，其中许多内容可以与员工共同确定。90天计划可分解为几个步骤，这样你可以更准确地衡量总体目标是否现实可行——这种做法本身也是对可实现概念的一种练习。

你的工作是帮助员工完成90天计划，而非冷眼旁观，所以你要设定里程碑。例如，如果经营计划要求在第一个自然季度制定新的佣金制度，那么该计划就应包含中期目标，要求在该季度过半时提交一份佣金制度草案，方便你确认这项工作是否偏离方向，并帮助参与制定的员工及时采取必要的纠正措施，以实现90天计划。请记住，你的目标不是判断他们是否成功，而是确保他们成功。

我发现，将经营计划的主观方面以员工可变薪酬制度的形式固定下来,也有助于组织坚持优先级。管理者有时可能会忍不住给员工增加新任务,但这种做法会打乱精心安排了优先级的经营计划。通过制订与经营计划紧密相关的90天书面计划,我降低了在整个季度内给团队增加更多任务的欲望。由于在编写计划时必须遵守 SMART 原则,所以我不得不完整描述自己的预期。

大方支付

明确向团队表明,你希望他们获得尽可能多的奖励。第一步是在他们满足领取奖励的标准后立即发放。在有重要的团队成员完成目标时,不要对他们的成绩反应冷淡,忽略发放奖励这个行政工作。在该季度结束后的几天里,将支票交到他们手中,以此表达你的热情。

在工资制度允许的情况下,不要将奖励与常规工资单放在一起,给员工一张额外奖励的纸质支票。尽可能亲手将支票交给员工,向他们表示感谢并夸奖他们工作出色。我希望员工实际领到手的奖金与支票金额一致,所以我会增加净额,抵消税款和扣缴款项。例如,如果某人的奖金是1000美元,扣除税款和社保款项后实际到手的金额会少一些,比如说879.63美元吧,那么我会增加奖金金额,保证税后金额为1000美元。实实在在的1000美元奖金和税后879.63美元的支票,两者的激励效果是有差异的。

最后,在适用的情况下,考虑将社交活动作为提供可变薪酬的一种手段。在我的公司里,我将该方案称为"狂欢夜",[4] 并为员工安排由公司报销费用的"约会之夜"。员工经常不确定该花多少钱,我总是明确表示支持他们挥霍:

张佩，我很高兴能够给你一份奖励。你在这个季度表现得非常出色，我希望你跟你的丈夫出去庆祝一番，所以我在牛排店预留了张信用卡。你俩工作卖力，是该好好庆祝一下。希望账单上有甜点和饮料，还有保姆的费用。尽情享受，费用由我承担。

一个狂欢夜不仅向团队成员表达了感激之情，还邀请团队成员与伴侣共进晚餐，这种隆重的活动会让他们在整个晚上都对公司抱有好感。

新旧计划过渡

薪酬对谁而言都是敏感话题，因此在做出调整时需要格外谨慎、体恤员工、富有耐心。在新旧计划过渡期间，一定要记住，员工还需要支付账单、计划假期、为子女大学费用做储蓄。你的目标是让员工集中力量完成组织的优先事项，在他们的家庭预算中制造不确定性只会适得其反。焦虑情绪不会产生激励作用。

薪酬计划的变更和过渡应逐步展开，先从你的直接下属开始。你的目标是让员工对计划的完整性有信心，对其运作方式感到满意，并在你将计划向下一层级推广之前解决已发现的所有问题。

你可以在过渡期的前几个季度保证提供最低奖励，等到员工看到并体验到新系统如何运作之后，再提供额外奖励。这样一来，他们就不会因为薪酬的不确定而惶惶不安了。而且，制订奖励计划的目的是帮助你设定并坚持优先级，所以即使将前几个季度作为试行期，你也可以完成大部分目标。

如果你没有制定奖励制度或奖励同基本工资的比例低于你的预期，那么不要先降低任何人的基本工资而用奖励代替，应将未来的工资增长融入可变金额。假设某人的基本年薪为 7.5 万美元，没有可变薪酬。你希望他们的目标薪酬中有 15% 是可变的（基本薪酬为 63750 美元，外加 11250 美元的奖励，总计 7.5 万美元）。这时，与其降低基本工资，不如在基本工资 7.5 万美元的基础上再增加 5000 美元的潜在奖励。在接下来的一年，让他们的基本工资保持不变，将预期增长转换为潜在奖励。几年后，你就可以在不降低基本工资的情况下，在他们的目标薪酬中设计 15% 的可变薪酬，同时统一努力方向。

总结

我在斯坦福大学的同事哈亚格里瓦·拉奥曾告诉我，培养责任心的方法不是列出一系列指标，而是让员工在心理上产生归属感。[5] 在担任首席执行官时，我将他的建议牢记在心。我在办公桌上放了一叠崭新的 50 美元和 100 美元的钞票。我在看到或听到谁表现十分突出时，例如，员工安抚住了一位不满的顾客，会给他一张钞票，作为"即时奖励"。[6] 我喜欢这种方式，因为我认为他们不会马上花掉这张钞票，每当他们将手伸进皮包或钱包时都会看到这张钞票，回忆起自己的成就和我的感激之情。我建立了一种文化，对提醒我要给即时奖励的经理同样给予表扬。我要求我的领导团队眼观六路、耳听八方，寻找奖励和表扬其团队成员的机会。

然而，财务激励并非提供"即时奖励"的唯一方式。拜耳中国搭建了独特的数字化工作生活平台，通过"点赞"、电子感谢卡等非财务奖励手段，让员工相互表达认可。拜耳中国的这项举措无疑是成功的——每天有 4000 名员工登录该平台向同事发送积极的反馈信息。截至 2023 年，拜耳中国的员工累计收到超过 1.7 万条此类信息。○

即时奖励方案也可以妙趣横生。我的第一家公司位于得克萨斯州，我有一只装饰着银色马刺的牛仔靴。在每月的经营会议上，我会将这只靴子放在会议桌中央，里面装着给某个部门每一位成员的信封，信封里是现金或其他形式的即时奖励，比如牛仔竞技表演或得克萨斯州博览会的门票。每个月，整个公司都迫切地想知道哪个部门"拿到了靴子"。会议结束时，在欢声笑语中，我会将靴子推给会议桌上的一位经理。这位经理将信封分发给自己的团队，然后骄傲地将牛仔靴摆放在自己的办公室里，直到下个月。这只靴子是一座流动的奖杯。

利用薪酬，统一努力方向

1. 使用可变薪酬传达优先级，集中团队力量，主动衡量结果，并提供定期反馈和教练指导机会。
2. 根据经营计划和关键绩效指标，而非公司的整体财务结果，确定可变薪酬指标。
3. 遵守 SMART 原则，正确设计可变薪酬计划。
   a. 具体和可衡量：在不知道该瞄准哪里时，很难击中目标。
   b. 可实现和有关联：要让员工觉得，完成计划在他们的能力范围内。

○ 资料来源：《中国企业如何重塑管理》，发表于《哈佛商业评论》，作者是马克·格里文、忻蓉、叶恩华。

c. 有时限：奖励应至少每季度发放一次，创造更多机会来表扬取得成就的员工，提供反馈，并保持紧迫感。

4. 为定性目标制订 90 天计划，务必遵守 SMART 原则。

5. 大方、及时、当面发放奖金。

6. 用"即时奖励"表达感激，专注于你的优先事项，并激发热情。

7. 奖励计划中的经济奖励不是为了促使员工表现得更好，而是为了让你的团队围绕共同目标团结起来，并在他们取得成功时给予奖赏。

第五部分

THE MANAGER'S HANDBOOK

执着地追求
卓越品质

第 20 章

质量推动利润增长

> 我们不想将自己的想法强加给顾客，只想生产他们想要的东西。
>
> ——劳拉·阿什利，
> 英国伦敦纺织品和服装品牌 Laura Ashley 创始人

我人生中的第一家公司曾经濒临倒闭，但问题并不在于激烈的竞争、增长的开支和得克萨斯州能源经济的衰退，而在于糟糕的服务。那年我 29 岁，在成功得到一笔投资后收购了一家已传承三代的家族企业。这家企业颇有名气，在我收购前拥有非常忠实的客户群，客户平均合作时间达到 11.4 年——我永远都不会忘记这个数字。

我在攻读工商管理硕士期间学到，利润是提高收入和降低成本的结果。技术人员开发速度越快，销售人员越多，利润就越高。我正是这样做的。我将销售团队扩大了三分之一，并告诉他们加快销售速度，能多快就多快。我督促现场员工在更短时间内完成工作。为了减少燃料消耗,我缩减了员工的加班时间,并在卡车上安装了监视器。为了节约成本,公司改用了收费更低的健康计划。

与我的教授说的一样,前 6 个月公司利润出现了增长。然后,情况发生了翻天覆地的变化。我得知公司即将失去一位合作时间长达 23 年的老客户。而且,我们的一名服务经理离职并加入了公司的竞争对手——有人告诉我,在之前那个家族经营这家公司的 88 年里,从未发生过这种事情。公司士气一落千丈,越来越多的优秀人才离开了。我们的销售提案成功率开始下降,因为竞争对手到处宣扬我们遇上了麻烦。

我走出办公室,到现场与客户交流,了解这到底是怎么回事。我早就该这样做了。比尔·盖茨有句名言:"你最好的老师是那些对你最不满意的客户。"[1] 对我来说确实如此。我的所见所闻令我窘迫不已。我在电话上将这个情况告诉给一位顾问,他睿智地建议我阅读北欧航空公司前首席执行官詹·卡尔森的著作《关键时刻 MOT》。

关键时刻

1981 年,卡尔森接手了当时欧洲经营状况最糟糕的航空公司之一——北欧航空。卡尔森跟我一样想要增加利润,但与我不同的是,他明白获得盈利最简单、最可持续的方式是创造出色的客户体验。对于该目标,卡尔森没有喊口号、搞营销或组织开会,而是从战术层面出发追求卓越品质。他寻找客户看重的要素,然后有针对性地改变作业模式,以满足客户的需求。他建立了跟踪航班准点率的制度,并将决策权交给一线员工。他还开创了新的商业模式,其核心不是说空话,而是建立各种支持制度,满足客户对质量的定义。

我逐渐意识到，我接受的工商管理硕士教育忽略了盈利最关键的一个方面。质量对利润的影响比公司其他任何一个经营领域都要大。质量会对销量、定价能力和开支产生积极影响。在卡尔森接手北欧航空三年后，该公司成为欧洲准点率最高的航空公司，并两次获得"年度最佳航空公司"荣誉称号。北欧航空赢利了吗？在卡尔森接手时，北欧航空每年亏损 8000 万瑞典克朗。三年后，该公司赚了 8 亿瑞典克朗。卡尔森的著作及其经营哲学彻底改变了我对盈利的看法。

质量可以推动销量

质量不仅可以推动销量，还是推动销量最便宜、最简单的方式。这一点有数据为证。贝恩公司发现，公司如果能做好客户体验，其收入增速将比竞争对手快 4% 到 8%。[2]

在展开原因分析前，先要理解我从理查德·里斯那里学到的四种增收方式。理查德刚加入铁山档案管理公司并担任首席执行官时，公司有员工 70 人，收入 300 万美元。在他退休时，公司有 1.7 万名员工，创造了超过 30 亿美元的销售额。我曾有幸与他一起担任某公司的董事。一天，他拿出黑笔，画了下面这个 2×2 的安索夫矩阵（见图 20-1）：

理查德毕业于克莱姆森大学，操着一口南方口音，声音洪亮。他只要一开口，总能让其他正在说话的人不由得停下来。理查德解释道，利用安索夫矩阵，可以将来自现有客户的收入转化为更高的利润，因为老客户合作时间更长，购买量更大，也会更积极地向他人宣传公司。而新客户需要你努力说服才会放弃其现有的合作关系。

我后来验证发现，开发新客户的成本是留住老客户的 6 到 7 倍。[3]理查德的观点是，在这个时间和资源有限的世界里，公司应首先尽可能地增加与现有客户合作的收入，最好是向他们出售公司的成熟产品。

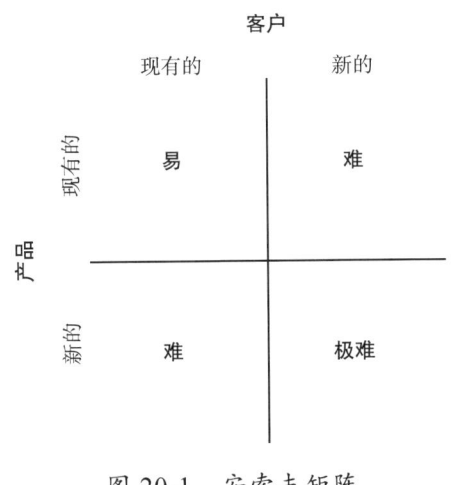

图 20-1　安索夫矩阵

当然，要建立一家大公司，你终究需要知道如何吸引新客户和创造新产品。理查德的公司最终为 58 个国家或地区的 25 万名客户提供服务。但他的观点是，你应该先用现有产品和服务留住现有客户，接着再创造新产品和开发新客户——背后的道理很简单，这种做法难度更低、速度更快、成本更少。

如果你想扩大与现有客户的业务合作，那就必须提供优质的客户体验。客户在体验你的产品或服务过后，如果觉得失望，那即使你在市场营销上使尽浑身解数，他们也不会再次购买你的产品或服务。你的现有客户了解你所提供的客户体验。如果他们满意，那你将很容易说服他们增加购买量，如果不满意……那就只能祝你好运了。

所有这一切都很重要，因为客户只有在喜欢某种体验时才会增加购买量。有 59% 的买方表示，如果体验糟糕，他们特别愿意或非常愿意更换供应商。[4] 不过说实话，我很好奇为何不是 100% 的买方都有这种想法。如果你的产品质量不佳，以及有竞争对手与你争夺客户，那你很难说服客户增加现有产品购买量或尝试你的新产品。

但是，管理者经常试图通过扩大销售队伍规模来推动销量，忽略了提高和保持质量才是难度更低、速度更快、成本更少的方法。截至本书完成时，我直接参与了 100 多家中小型企业的收购或管理。在绝大多数的情况下，这些企业都聘用了新的销售人员，改善了网站质量，投资了市场营销。然而，这些方法都没有达到推动收入增长的预期效果。事实证明，如果产品质量平平，再高明的销售手段也无济于事。出色的销售人员可以帮助你进入市场或拿下首单，但再多的营销或销售策略都无法让质量普通的产品或服务在市场上站稳脚跟。

我并不是说市场营销毫无价值。质量与市场营销团队之间可以建立起有意思的"良性循环"，这一点令人振奋。鱼与熊掌可以兼得。优秀的销售人员自然会被产品或服务最出色的公司吸引，因为他们想在工资更高的公司工作，并且知道质量越好的产品销量越高。这意味着，销售优质产品的公司最终会拥有最出色的市场营销人员，从而进一步加速其销量增长。

质量可以提高定价能力

质量影响赢利能力的下一个环节是定价能力。对于产品质量优秀的公司，客户愿意多支付 17% 的费用与之做生意。[5] 如果你的产品质量低劣，要想售出产品，唯一的方法就是降价——通常需要大幅降价。

与此同时，定价能力是撬动利润最有力的单一杠杆点。价格涨跌会直接影响企业利润，因为无论价格如何，商品成本保持不变。对一般业务而言，价格若仅上涨 5%，利润可能会增加 50%（见表 20-1）。

表 20-1　定价能力的影响

	基价	涨价 5%
收入	500 万	525 万
商品成本	300 万	300 万
管理费用	150 万	150 万
利润	50 万	75 万

质量和价格之间还存在另一种相互作用。客户存在这样一种心理，即产品价格越高，通常质量越好——这也是一个"良性循环"。让我来解释一下。例如，葛兰素公司（Glaxo）推出了胃灼热新药"善胃得"（Zantac），这是史克必成公司（SmithKline Beecham）产品"泰胃美"（Tagamet）的竞品。在定价时，葛兰素并未采用与史克必成相同的价格，而是选择比竞争对手高出 50%。[6] 它知道"善胃得"有竞争优势，比如服药频率低和副作用少。葛兰素希望用更高的价格来向购药者表明两种药品之间的质量差异，[7] 只有在产品质量更出色时它才能这样做。这项策略发挥了作用。得益于更高的价格，"善胃得"利润更高。更高的价格让客户觉得"善胃得"才是更好的选择，结果葛兰素在市场上一举击败史克必成。㊀

质量可以降低成本

1980 年，菲利浦·克劳士比出版了《质量免费》一书，普遍认为是他最早提出了"质量免费"的概念。但事实上，他是从前老板——

㊀ 葛兰素公司和威康公司均诞生于 19 世纪 80 年代，于 1995 年合并为葛兰素威康。2000 年 12 月，葛兰素威康和史克必成联合，成立葛兰素史克公司。——编者注

国际电话电报公司（ITT）前总裁、著名实业家哈罗德·杰宁那里学到的这句话。他们在讨论一项具体业务问题时，杰宁说："我不明白他们为什么要反对提高质量，质量是免费的。"

后来，杰宁和克劳士比向更多商界人士解释道，质量并不在于提供你所能想到的最大数量的功能或服务，因为客户不会为他们认为不重要的功能付费。质量是要满足客户经过深思熟虑的需求。如果你构思或设计了有特定功能的产品或服务，并且知道客户愿意为这些功能付费，那么在定价时就应包含这些功能的成本。

霍尼韦尔在中国的实践发现：研发团队转变质量理念，从追求"技术精密度极限"转为追求"适合预期用途"后，成功开发出了成本更低且完全满足中国客户需求的涡轮增压器。⊖

质量的真正成本是优质产品成本和平庸产品相关直接成本之间的差值。例如，如果产品质量低劣，那么公司的内部成本可能会包括产品保修范围内的维修成本或软件漏洞修复成本。外部成本包括客户流失、产品退货和声誉受损。质量之所以是"免费"的，是因为在大多数情况下，提高质量带来的成本，可以抵销低劣产品可能带来的额外损失。

人们通常只考虑与优质相关的开支，忘记被避免的低劣质量的潜在成本。克劳士比听从了杰宁的意见，建立了一个框架，该框架成为最佳领导者理解质量的标准（见图20-2）。[8]

管理者会低估低劣质量所造成的成本，其中只有15%易于发现和量化。丰田汽车公司的质量专家大野耐一曾说过："无论公司高管认为低劣质量造成了多大的损失，实际损失都是估计损失的六倍。[9] 返工、

⊖ 资料来源：《全球视野：中国商业法则》，发表于《哈佛商业评论》，作者是琳恩·潘恩。

维修、保修和退货等成本容易发现和衡量，但销量损失、事故问题、逾期账款、员工流失和仓促交货等问题所造成的更大支出却难以确定。

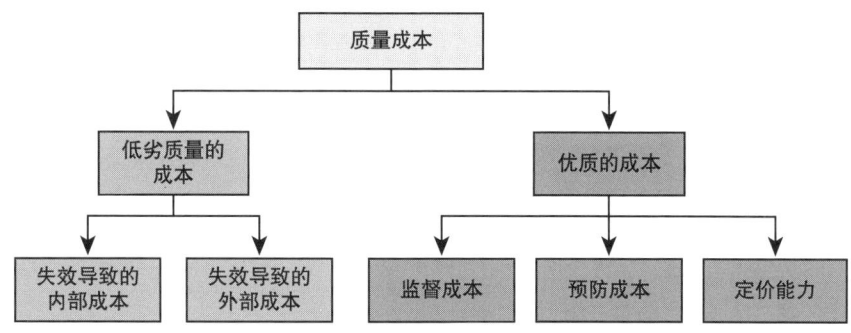

图 20-2　质量成本框架

就我的公司而言，我们当时确实经历了大野耐一所述的劣质带来的巨大成本。在阅读卡尔森的著作之后，我们开始实行质量改进措施。随着质量的提升，我们不再需要派遣技术人员返回客户现场解决问题，客户流动率显著下降。员工流动率也下降了，因为虽然每天都有不满的客户给团队带来巨大压力，但只要我们成为质量最出色的供应商，人们就会愿意来公司工作。我们确实成了质量最出色的供应商。我们将质量作为招募的武器，得到的回报是流失到竞争对手处的最佳人才再次回到公司。我们为提高质量而付出的成本早就被这些节约下来的开支抵消了。四年后，当把公司出售给花旗风险投资公司时，我们被评为业内最赚钱的公司。

总结

当今世界，信息在网络上迅速而广泛地传播，执着于追求卓越品质变得尤为重要。10 年前，54% 的人会将糟糕的客户体验告知超过 5

个人，而差不多同样数量的人也会将良好的客户体验告诉他人。[10] 但那是 10 年前的事了。现在，人们只需在社交媒体上轻敲键盘，就能让他们的评价通过网络传遍全世界。

如果最出色的销售人员想要为生产最佳产品的公司工作……向老客户出售产品比开发新客户容易……如果开发新客户的成本是留住老客户的七倍……如果质量越好价格就可以越高……如果提高质量可以降低成本，那么显然，增加利润最简单、最快捷和最便宜的方式不是雇用更多的销售人员，不是推出营销策略，也不是开拓新市场或开发新产品，而是集中精力提高现有产品的质量。

质量可以推动利润增长

1. 质量可以推动销量。老客户合作时间更长，购买量更大，还会更积极宣传公司。
2. 安索夫矩阵：先向现有客户销售更多相同的产品或服务，以此增加收入。但要做到这一点，你必须提供优质产品或服务。
3. 如果产品质量平平，那即使是最优秀的销售人员也无能为力。
4. 最出色的销售人员希望为生产优质产品的公司工作。
5. 质量能提高定价能力。对赢利能力而言，定价能力是撬动利润最有力的单一杠杆点。而对定价能力而言，质量是最大的单一杠杆点。
6. 质量可以降低成本。质量的真正成本是优质产品成本和平庸产品相关直接成本之间的差值。

第21章

跟在拖拉机后面

> 多花时间与客户面对面交谈,你会惊讶地发现有多少公司不听取客户的意见。
>
> ——H. 罗斯·佩罗,
> 电子数据系统公司创始人

我父亲曾经营一家生产农用设备的中型企业。他从不向农夫直接出售任何产品,因为与汽车一样,农用设备也通过经销商网络销售。在成长过程中,我没有进过任何经销商的办公室。但在周末时,父亲会领着我在田野里漫步。他手拿录音机跟在拖拉机后面,听农夫描述他买的收割机在雨后泥泞的田地里性能表现如何。农夫不是客户,但父亲明白客户和最终用户之间的区别,并教会我跟在拖拉机后面的重要性。

几十年后,我与合伙人共同创立了一家公司,它后来发展为美国排名前列的无害废液运输公司。但一路走来，我将父亲"跟在拖拉机后面"的忠告抛诸脑后。为了减少排放到公共下水道系统的油和油脂量，大多数市政府要求餐厅安装捕集器。这些捕集器必须定期清理，于是我们决定进军捕集器清理这个行业。

针对这项业务，我们组建了现代化的卡车车队。车辆干净整洁，驾驶员每天穿着崭新的制服上班。除了负责废液运输，我们还自己处理废液，因此在与对手竞争时具有成本低的优势。后来，我们推出了捕集器清理服务，宣传亮点还是上面这些特色。连锁餐厅总部的管理人员很喜欢这个宣传，我们谈下了许多笔生意。自此，公司蓬勃发展，但客户投诉也随之而来。

在清理捕集器时，员工必须拖着软管进入餐厅，操作运转起来噪声很大的吸油泵。捕集器打开后，还会散发出难闻的气味。当时，我们要求驾驶员与餐厅经理见面，所以他们必须在营业时间到餐厅，而这时厨房正在备餐，顾客也陆续到达。

餐厅经理并不在乎我们的价格比竞争对手便宜几美元，也不在乎我们的驾驶员身着制服。对他们而言，真正的优质是清洁人员在餐厅的非营业时间上门服务，低调地迅速进出。事实证明，我们的产品质量低于竞争对手，因为我们眼中的质量的定义与最终用户看中的品质毫无关联。我忘记了父亲向我传授的经验："跟在拖拉机后面。"

乌比冈湖效应

乌比冈湖效应是一种自我抬拉偏差，得名于美国全国公共广播电台（NPR）的一档广播节目。这档节目虚构了一座名叫乌比冈湖的小镇，每期节目开始时，主持人都会先描述这个小镇，那里"所有小孩都在平均水平之上"。当然，这是个玩笑话。从数学角度来看，只有一半的孩子会在平均水平以上，而另一半必须在平均水平以下。1981年的一项研究表明，高达93%的美国驾驶员认为自己的驾驶技术"高于平均水平"，这一现象被称为"乌比冈湖效应"。[1]

大多数公司领导者在评价自己的产品或服务时也存在乌比冈湖效应。贝恩公司发现，80%的公司领导者认为他们提供了卓越的客户体验。事实证明，只有8%的客户同意他们的说法！[2]这表明，无论你对自己的产品或服务质量评价如何，这种评价都有可能过高。

这种错误想法大多并非源于乐观或傲慢，而是过度依赖易得和熟悉的数据产生的常见结果。例如，我曾与一家医疗保健公司合作多年，该公司将净推荐值（NPS）[3]作为衡量质量的唯一标准。这项指标诞生于2001年，当时是向受访者提出一个简单的问题："在1~10分的范围内，您向他人推荐该产品或服务的可能性，可以打几分？"

对这家医疗保健公司而言，净推荐值就是可用和熟悉的数据，甚至连高管的奖金都取决于能否达到净推荐值目标。领导团队之所以关注净推荐值，并非因为他们有证据证明它是衡量质量的最佳标准（他们没有），而是因为公司一直是这样做的。

《哈佛商业评论》的数据显示，净推荐值并非衡量客户是否愿意继续与你合作的有用标准——只有28%的不满意客户打算更换目前的供应商，而有20%的满意客户也打算寻找新的供应商，但80%的客户服务部门仍在使用该指标和类似的客户满意度评分指标。[4]正因如此，这家医疗保健公司在提升软件稳定性和质量，进而大幅提高产品质量之后，净推荐值得分几乎没有变化。

大多数客户满意度评分还存在一个问题，它们几乎总是受到"小样本"和选择偏差的影响。这两者共同诠释了"垃圾进,垃圾出"[⊖]（garbage in, garbage out）。我参加过无数次汇报净推荐值的董事会会议,却发现"样本"量极小,仅 3% 的客户回答了问卷问题。这些公司几乎都没有足够大的值得信任的样本量。

有时,公司会辩称较低的回复率也可以准确代表整个群体的想法。但这些数据还存在一个问题：选择偏差。客户回复群体调查的意愿有高有低。假设你拼车,下车后收到给驾驶员评分的五星评分制问卷,那么你回复的意愿会因驾驶员非常友好及车辆十分整洁（5 星）或服务比较好（4 星）而改变吗？如果你发现自己在驾驶员和车辆表现为 5 星水平时才愿意参与问卷调查,那你就明白什么是选择偏差了。将该问题与小样本问题结合起来看,你就能看出问题的严重性了。

我们误判客户感受的另一个原因是观察者期望效应。众所周知,我们倾向于依赖会给出我们期望答案的质量衡量标准,这就是我在第 1 章中描述的观察者期望效应。例如,我问过一位经验丰富的首席执行官她如何衡量公司的产品或服务质量。她告诉我,她的领导团队会根据美国最常用的在线消费者评级网站 Yelp 上的评价来判断质量。她的话让我惊讶不已,因为有大量证据证明,线上评价并不准确,公司不应用它来衡量自己的产品或服务质量。[5] 我查看了这家公司在 Yelp 上的评价,心想难怪它首选这项标准：网站上 68% 的评价是"极好",23% 是"非常好"。

这家公司的质量或许确实出色,但这并非管理层根据 Yelp 上评价来判断的原因。事实上,他们受到了观察者期望效应的影响：操纵实

⊖ 计算机科学与信息通信技术领域习语,说明如果将错误的、无意义的数据输入计算机系统,计算机自然也一定会输出错误的、无意义的结果。——译者注

验以获得期望结果。在这个案例中，整个公司都想要相信他们表现出色，所以在无意中选择了会给出期望答案的衡量标准。

在判断客户想法时，偏见对我们的最后一种影响是让我们过度依赖个人直觉，这是斯坦福大学商学院教授大卫·拉克尔和布莱恩·塔扬提出的观点。[6] 我特别喜欢他们列举的有关大型连锁餐厅的例子。在这个例子中，连锁餐厅的管理层坚信，降低员工流动率是提高顾客满意度的主要手段，他们还告诉斯坦福大学的团队不必费心研究其他方面了。他们根深蒂固的信念是，如果员工流动率下降，服务质量就会提高。研究小组询问管理层，为什么他们觉得这种联系如此强烈。管理层没有任何支持数据，但他们告诉研究人员："我们就是知道它是关键影响因素。"

尽管如此，斯坦福大学的研究小组还是想自己找出答案。幸亏他们没有放弃，事实证明，重要的并非基层员工的整体流动率，而是门店经理的流动率。数年来，为了解决质量问题，这个连锁餐厅为控制员工整体流动率投入了大量精力和资源，而关键点却在于集中精力留住门店经理。

我们并非有意带着这些偏见来欺骗自己——这正是危险所在。认知偏见体现了我们在思考过程中无意识地建立的错误连接。在做招聘的背景调查时，为了消除确认偏误，背景调查要在尚未决定聘用对象时进行，不应以寻求对确定人选的认可为目的。同样，如果你想准确了解客户对产品或服务的感受，你也需要设置类似的限制，从客户回访开始。

客户回访

在斯科特·库克的带领下，财捷公司每年销售TurboTax、

QuickBooks 和 Mailchimp 等产品的营业利润达到了 20 亿美元。财捷公司的持续成功在一定程度上得益于库克的"客户回访"习惯，这是他"跟在拖拉机后面"的方式。正如库克所言：

> 通过观察客户的"大本营"，我们能够收集到他们喜欢什么、不喜欢什么，他们可能遇到了什么挑战，以及他们如何使用产品的信息。

斯科特·库克没有发明软件、互联网或现代会计系统。但他耐心、敏锐、严肃地观察客户如何互动和使用他的产品。库克在公司内打造了一种文化，即通过了解最终用户的体验来评价公司的产品。根据客户使用产品的情况，客户回访可以让财捷知道该增加什么功能、取消什么功能，以及在哪些方面集中精力。财捷的首席财务官认为，"客户回访"是财捷占据市场主导地位的主要原因：

> 这种观察客户的过程让我们得以深入了解客户，并帮助我们专注于客户真正喜欢和欣赏的东西，而不是向他们提供我们可以做但没人在意的东西。[7]

中国家电企业海尔集团通过"人单合一"模式践行相同的理念。在该模式下，每位员工都专注于直接为客户创造价值。一线员工加入所谓的"自主经营体"，直接面向市场开展工作，全力满足个性化用户需求。⊖

一份净推荐值调查问卷可能会让你对客户的总体满意度有所了

⊖ 资料来源：《中国企业如何重塑管理》，发表于《哈佛商业评论》，作者是马克·格里文、忻榕、叶恩华。

解，但它并不能告诉你明年需要做些什么才能击败竞争对手。财捷的故事让我想起，保罗·英格利希在创办客涯时每天会花半小时接听客户服务电话。我问他这种思维模式是否受到了他在财捷的工作经历影响，保罗回答道："财捷极大地影响了我对客户的看法。我要感谢财捷，尤其是斯科特·库克。"

忽略团队告诉你的信息，抛开你的直觉和假设，不要在意你朋友的经历，不要与公司总部的人交流，也不要太在意最新的市场调查。要想在竞争中保持领先，你必须开展客户回访，并观察产品使用或服务情况。

逐字理解客户反馈

如果亨利·福特请 SurveyMonkey 公司调查美国人对当时的交通方式的满意度，那我们可能现在还在骑马。福特的名言是，人们会告诉他"给我更快的马"。

现在，我们可以轻松地设计出一份调查问卷并将其发送给成千上万名潜在受访者，所以我们经常用舒适便捷的电子问卷调查取代与客户面谈的老派行为。但我们知道，调查存在"小样本"问题和选择偏差，并且一般会简化为几个笼统的问题。调查可以提供绘制图表和制作演示文稿所需的数据，但不能提供观点。

汤姆·芬尼的经历可以证明逐字理解客户反馈的力量。Safelite Autoglass 公司从事更换破损的挡风玻璃的平凡业务，有 75 年的历史。在晋升为首席执行官之前，芬尼已经在 Safelite Autoglass 工作了 20 年，担任过公司的零售业务主管、全球销售和支持主管，以及首席客户官。从这些职位可以看出，他在这些年的工作主要是与客户打交道。但在成为首席执行官后，他无视所有直觉，让团队直接与最终用户交谈，这种做法非常了不起：

> 我们决定不再为净推荐值的数字操心，选择逐字理解客户对我们的反馈（意见）……这是一种更全面、更有条理的方式，可以从客户的角度来看待我们的业务。[8]

斯科特·库克的方法是观察客户使用其产品的情况，而芬尼的方法是与客户聊天，讨论他们想要什么和需要什么。通过这种方式，芬尼的团队了解到，客户的一项重要需求是快速、简单地完成订购。因此，Safelite Autoglass 重新设计了用户界面，将下单所需的点击次数从 40 次减少到了 15 次。公司还了解到，客户希望在等待上门服务的过程中可以查看技术人员的实际位置，而不仅仅是知道他们预计到达的时间。于是，公司开发了类似于拼车应用程序中的位置功能，实时显示技术人员的位置。这些信息不可能在问卷调查中了解到，因为没有人会想到询问："你希望在手机上实时查看技术人员的位置：是或否？"这个想法必须源于理解客户反馈——逐字理解。

在更换挡风玻璃碎片的平凡工作中，Safelite Autoglass 公司走过了近 80 年的历史。然而，得益于逐字理解客户反馈的力量，芬尼将公司的销售额在不到 10 年时间里翻了一番。芬尼、英格利希和库克的经验告诉我们，要想了解对不同客户群体而言最重要的东西，你要做的不是开展问卷调查，而是要求团队走出办公室，去回访客户并逐字理解客户反馈。

预测评估和诊断评估

质量是你在市场上立足并取得成功的基础。在回访客户和逐字理解客户反馈后,你需要给质量下定义。在这之后,你还需要了解如何使用预测和诊断工具。

大多数质量评分只能衡量过去的状况,但预测工具可以帮助你管理未来的结果,二者截然不同。假设你拥有一家甜甜圈连锁店,你所在的细分市场重视两点:顾客流转速度和最受顾客欢迎的甜甜圈是否有货。根据这些信息,你可以提出两项关键性能指标:

- 顾客最长排队等待时间;
- 甜甜圈缺货的发生率。

根据第 17 章的内容,你知道如果做好这两点,顾客就会满意。这就是区别所在。你不应判断顾客是否满意(衡量过去),而应使用预测工具令顾客满意。

预测评估十分有效,因为它在操作上具有可行性,可以影响未来。例如,如果你的预测工具发送通知,显示有三名以上顾客在排队,那你可以对结果进行管理,在队伍变长之前再派一人到店帮忙,从而让顾客满意。有了预测甜甜圈何时将售罄的系统,你就能在售罄之前烤制出更多的甜甜圈。

诊断评估与预测评估应结合使用。诊断评估工具收集事后数据,帮助你研究需要采取哪些经营措施来放大亮点或解决问题。目前,诊断工具经常只被用于记分,使用不当的情况很普遍。如果使用得当,这些工具可以揭示出事情背后的原因,为管理未来结果创造条件。四种最常见的诊断指标是净推荐值、[9] 客户费力度(CES)、[10] 首次解决率(FCR)[11] 和顾客满意度(CSAT)。[12]

阿里巴巴运用其技术实力,在其庞大的零售平台上收集了逾 200 万家商户的客户满意度数据。通过对接支付宝、阿里云和钉钉等应用程序,阿里巴巴已成为数据驱动型企业。正如阿里巴巴集团前首席战

略官曾鸣所言,该数据驱动型企业已然实现"智慧商业"。㊀

我们回到甜甜圈店的例子。假设你一直在用上述两个关键绩效指标来管理店铺,将它们作为预测评估指标。那么,你的甜甜圈自然不会缺货,顾客也不会大排长龙。但是,假设除此之外,你还使用在多家甜甜圈店之间流动的移动设备来收集诊断信息(见图 21-1)。

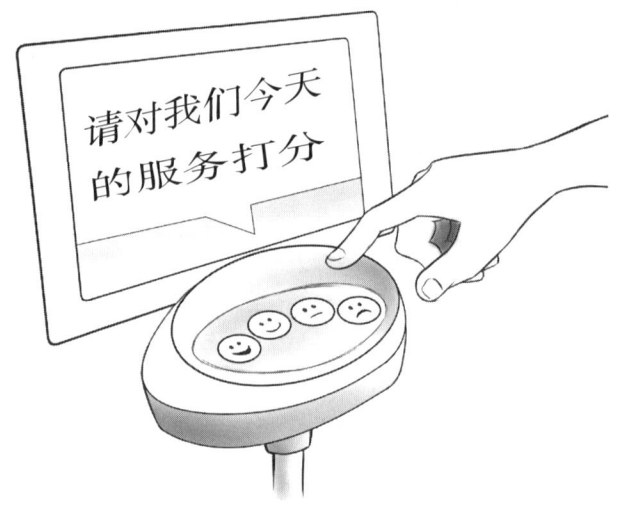

图 21-1　诊断评估

这种情况下,你不可能知道顾客为何给出"笑脸"或"皱眉"评价,你只知道他们给出了这个评价。不过,如果预测性关键绩效指标正确无误,那么诊断评估和预测评估结果之间应该存在关联(见图 21-2)。换言之,等待时间最短、甜甜圈缺货频率最低的店铺得到的"笑脸"评价应最多。如果事实确实如此,那就说明你的方向是正确的,应继续执行当前经营计划。

㊀ 资料来源:《中国企业如何重塑管理》,发表于《哈佛商业评论》,作者是马克·格里文、忻蓉、叶恩华。

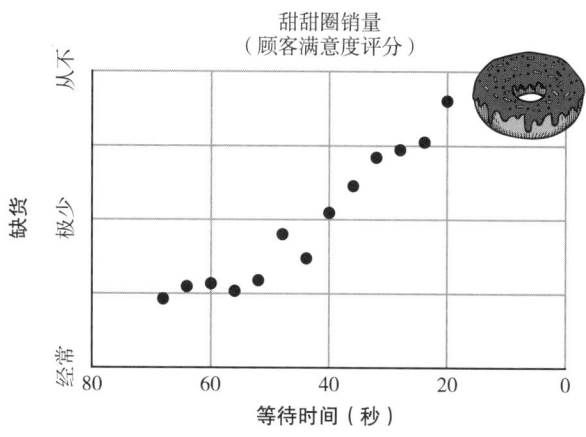

图 21-2 诊断和预测的相关性

但是，如果顾客满意度与你的预测结果不相符呢？诊断评估结果显示，等待时间最短的店铺和甜甜圈从不缺货的店铺反而得到了高于预期的"皱眉"评价，你不明白为何出现这种情况，但它表明你的店铺出现了问题，需要花点时间"跟在拖拉机后面"了解情况。

随后，你在沟通中了解到，顾客们对等待时间很满意，甜甜圈也仍然是热销产品。问题出在店铺在一个月前停供了冰咖啡，他们对此感到不满。但是，幸好你将诊断评估与预测评估结合起来了，所以在许多顾客跑到街对面——你的主要竞争对手店里买咖啡之前，你还有时间进行调整。

总结

将质量而非直觉或直观感受作为对抗竞争对手的武器。这与天赋无关。质量不是你的管理团队头脑风暴的产物。质量的本质在于直接向客户收集可执行的数据，并根据明确且权威的战术采取行动。正如质量专家弗雷德里克·德布鲁恩和安德烈亚斯·杜尔韦伯所言：

> 经验丰富的领导者会仔细研究最初的措施，筛选出效果良好、可以强化愿景、值得投入更多资源的措施，同时避免或迅速停止采取对大多数目标客户而言无关紧要的措施。他们会分析客户反馈，并结合来自其他市场研究、财务数据、新闻报道和社交媒体信息中心的数据，最终形成见解。[13]

执着地追求卓越品质与口号或抱负无关。这种执着来自有意识的、基于数据的训练，在训练时要检验想法、跟踪结果并不断迭代，直至找到既能满足顾客要求又能为你带来成功的方法。无论你的公司是像Safelight Autoglass这样的日化行业公司，还是像财捷这样的创新企业，运用这些质量子技能，都将带来非凡的结果。

跟在拖拉机后面

1. 当心乌比冈湖效应，它会导致领导者对产品质量的印象过于乐观。谁都不愿相信自己提供的服务或产品质量低劣。
2. 依赖易得和熟悉的数据是领导者误判客户看法的常见原因。
3. 避免采用会给出你所期望答案的质量衡量手段：观察者期望效应。
4. 注意大多数客户满意度评分的两个常见问题：小样本和选择偏差。
5. 客户回访：这是你的竞争对手很少会利用的竞争武器。

6. 持续的好奇心：这是一种观察、询问和倾听的方式，目标不是证实你所相信的东西，而是发现世界本来的样子。
7. 逐字理解客户反馈：不拘于调查问卷和表格，获得竞争对手忽略的见解和发现。
8. 预测评估：这是为管理未来结果创造机会的手段，与说明过去事件的事后评估不同。
9. 诊断评估：与预测评估结合使用的手段，通过收集数据调查过去的事件，并影响未来的决策。
10. 用数据驱动质量。追求卓越品质的执着来自有意识的、基于数据的训练，在训练时要检验想法、跟踪结果并不断迭代，直至找到既能满足顾客要求又能为你带来成功的方法。

第22章

惊艳客户的决心

> 将工作做到极致,这样观众就会想带着朋友来再看一遍。
>
> ——沃尔特·迪斯尼,
> 美国著名电影制片人、导演

哈佛大学的迈克尔·波特最早指出,商业不是赢家通吃的活动。在大多数行业,多个竞争者可以在不同的市场取得成功。这就是丰田和特斯拉双双在电动汽车市场获得成功的原因。这两家企业都向关心碳排放的客户提供优质产品和服务。然而,这些客户对质量的定义有所不同。两者的成功秘诀均在于避免迎合所有人的习惯。

如今,信息流动几乎是瞬时的。竞争对手只须轻击键盘,就能提出与你相同的价格,利用社交网络平台抢走你的明星员工,或从美国田纳西州到澳大利亚塔斯马尼亚州的任何位置寻找原材料。得益于远程工作模式，新兴的公司可以接触到全世界的劳动力。这意味着，现在几乎已经不可能通过与所有市场参与者正面竞争来创造可持续的竞争优势了。要想成功，你必须仔细识别对质量有独特定义的客户群，然后以一种想要惊艳客户的决心满足这些需求。

找准市场

这正是中小企业的巨大优势所在。我来解释一下。例如，独立书店市场现在规模虽小，但欣欣向荣。在经历了巴诺书店等大型零售商三连击、亚马逊进军图书行业和 Kindle 等新阅读方式兴起共同导致的市场收缩之后，独立书商一度接二连三地倒闭或破产。

但自 2010 年以来，美国小型企业旗下的书店数量增长了 50%。[1] 哈佛商学院教授莱恩·拉法耶里撰文指出，这些书店蓬勃发展的奥秘是找准市场，即服务社区、精选个性化书籍和提供活动场地。[2] 这些书店不在价格、便利性或可用性方面与亚马逊竞争。它们之所以能够茁壮发展，是因为找到了那些亚马逊或 Kindle 无法满足其需求的客户。据《华盛顿邮报》报道，促进这些书店发展的因素是"与社区的联系，而非与亚马逊打价格战"。[3]

中国工程机械企业三一集团从日本小松和美国卡特彼勒等全球竞争对手手中取得了相当的市场份额，找到了对它而言理想的市场。与小松和卡特彼勒争夺高端承包商市场的策略不同，三一集团主要将其混凝土搅拌运输车和挖掘机销售给地方租赁公司，这些公司再按项目将设备租给本地承包商。三一集团开发的产品符合这类客户

资本投入低、服务响应快的特点。㊀

不同的客户对质量有不同的定义，不同的电动汽车买家和读者也有不同的需求。成功的组织会运用子技能，采用分析法定义质量，寻找竞争对手忽略或不感兴趣的市场。

在畅销书《点球成金》（*Moneyball*）中，迈克尔·刘易斯讲述了美国棒球队奥克兰运动家如何运用分析法找到独特的球员招募市场并取胜的故事。2000年初，奥克兰运动家队的财务资源只相当于波士顿红袜队或纽约洋基队的一小部分。在辛苦培养的明星球员被挖走后，奥克兰运动家队的经理比利·比恩研究了其他判断球员素质的方法，从被忽视的球员中寻找招募市场。

比恩及其团队发现，球员的上垒率（击球手登上一垒或二垒的频率）比击球率（衡量进攻球员的传统指标）更能反映击球手得分的可能性。通过招募具有独特特点的球员，而非与其他球队争夺同一名球员，他们找到了自己的人才招募市场。在实施该策略后，奥克兰运动家队一扫多年的败绩，打出了十几年来最好的一个赛季，并进入了季后赛。

商业界有一个有意思的案例。一家英国银行发现了它可以赢利的客户群体，该群体最重视银行发现、阻止和快速解决欺诈行为的能力。[4]在此过程中，这家银行借助《点球成金》里的概念找准了市场。在其他银行追逐那些按传统标准（比如自动取款机的可用性）衡量质量的客户时，这家英国银行抓住了存在需求缺口的市场，避免为所有客户提供所有的产品，开发了对更具体的质量定义至关重要的服务，随后在该特定市场建立了主导地位。[5]

㊀ 资料来源：《中国式管理之道》，发表于《哈佛商业评论》，作者是托马斯·豪特、大卫·迈克尔。

让客户眼前一亮

单是满足顾客的基本质量要求不足以建立顾客忠诚度。要想牢牢留住顾客，你需要让他们眼前一亮，而谢家华和 Zappos 公司就是最佳的例子。

在 Zappos 创立之时，从狗粮到即食食品，所有东西都在互联网上营销、出售并配送到家。Zappos 最初的商业模式并不起眼——网上售鞋。然而，短短十余年间，该公司的收入就超过了十亿美元，成为美国最受欢迎的十家公司之一。[6]Zappos 的成功和谢家华牢牢留住顾客的措施都源于想要惊艳客户的决心。

当下，我们从客厅沙发到达任何一家航空公司的座位，全程无须与另一个人互动。只要有手机，我们就能提交拼车订单、下载登机牌、通过美国运输安全局（TSA）的安检，并在登机口自助扫描二维码。我们还能用手机让生活用品卖家将产品送到家门口或给汽车加油。

这些新型的购物方式节省了数十亿美元的劳动力成本，并在许多方面改善了客户体验。当时，谢家华注意到，他们没有抓住许多有助于组织培养客户忠诚度的传统机会。如果你在手机上订购并通过 DoorDash 配送的脆谷乐（Cheerios）早餐麦片，与在 Safeway 或 Albertsons 购买的味道一样，而且在该过程中你不需要与任何人互动，那么杂货店怎样才能提供差异化的客户服务，从而吸引忠诚客户呢？

对此，谢家华原本可以采取价格策略，将一双鞋的价格从 92 美元降至 89 美元，便宜 3 美元来吸引顾客。这也是很多公司选择的方式。但他知道，任何竞争对手只须按下一个键或就像老话说的那样开展"逐底竞赛"，就能让这个优势荡然无存。正如迈克尔·波特所述，谢家华想要的是可持续的竞争优势。

研究表明，让客户眼前一亮所带来的销量是付费广告所带来销量的五倍，而且成本往往比社交网络上大多数被忽略的广告成本更低。值得注意的是，专门提出市场营销计划的专业人士也同意这一点。三分之二的营销专业人士承认，口碑营销能够比传统营销更好地推动业务发展。[7]

不过，谁也不会兴奋地谈论起刚好达到预期的服务体验。要想树立口碑，你必须让客户眼前一亮。谢家华明白，要想在网上卖鞋，Zappos必须对质量提出不同的定义，成功吸引独特的市场群体，让顾客眼前一亮。他的做法是，瞄准那些不满足于网站所提供服务、希望获得更高水准服务的顾客，通过系统化、结构化的方式提供购买流程，鼓励客户和销售团队成员直接交流。

为了节约成本，大多数公司使用计算机系统来处理顾客问题，而Zappos则尝试直接与顾客对话。公司放弃了节约劳动力费用的自助服务选项，将客服电话显示在网站每个页面顶部，并印在发送的每个包裹上。谢家华明白，如果他将顾客交给计算机系统，那他便无法令顾客眼前一亮。按照Zappos的说法：

> 你在需要帮助时给一家公司打电话，结果却只能跟机器人交谈，这种体验简直是太糟糕了，而后事情还是没有得到解决。所幸，Zappos的客户在联系我们时，不必经过层层转接，仿佛需要等待一个世纪那么久——有血有肉的客服人员通常会在一分钟内接听所有电话。太棒了，对吧？大家都知道，等待接通是非常不愉快的事情。

谢家华所做的就是拿着同样的3美元，投资"全力确保顾客满意"的服务。按照波特教授的观点，Zappos不必瞄准所有买鞋的顾客，只须瞄准公司的目标群体即可。谢家华的目标群体并非希望获得最低价格的买家,而是想要获得个性化客户体验的人,事实证明这是一个价值20亿美元的市场。

服务补救悖论

你的客户明白,有时上菜时菜可能已经变凉了,货物可能会延迟送达,新发布的软件经常有漏洞。在出现服务失误时,你不必担心这个失误会破坏客户忠诚,因为良好的补救行为可能会让客户产生好感。数据显示,最忠诚的客户并非从未遇到过服务失误的客户,而是在遇到失误后,公司以出乎意料的优质服务予以补救的客户——这个概念被称为服务补救悖论(见图22-1)。[8]

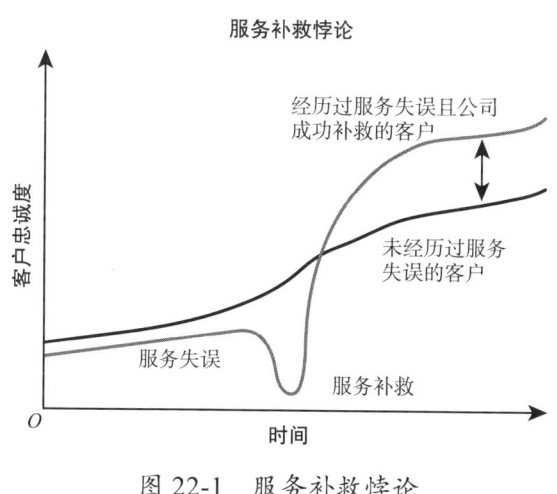

图 22-1 服务补救悖论

要让服务补救悖论发挥作用,第一步是要认识到,没有人会带着赞许的态度谈论上菜时温度适宜的经历。当然,人们一般也不会抱怨上菜时菜已经变凉的经历，通常只是会要求换一份。但人们会谈论上菜时菜已经变凉，餐厅经理亲自道歉并赠送甜点的经历。

这意味失望的顾客并非成本，而是建立忠诚度的机会。对大多数组织而言，这需要彻底改变文化和策略。如果你的员工在犯错时会受到惩罚，那你的组织就会错过让服务补救悖论发挥作用的机会。例如，如果服务员报告上菜时菜已经变凉，餐厅的反应是盘问这是谁的过错，那就难怪服务员会选择默默换一份，继续服务下一桌顾客了。这一失误没有上报，顾客没有得到免费的甜点，没有顾客会觉得眼前一亮。

在几乎让一家已传承三代的家族企业破产之前，我阅读了《关键时刻》一书，并开始理解服务补救悖论。我制定了敏感客户提醒制度，鼓励员工报告错误。这个制度很简单。在员工使用敏感客户提醒系统报告客户问题后，任何人都不必承担后果。从本质上看，敏感客户提醒就是员工的"免罚金牌"。反之，如果公司发现客户不满意，但相关人员并未提交敏感客户提醒信息，那么知情不报的人员须承担相应后果。我们进一步完善了这项制度方案，指派一名经理专门负责在全公司宣传先提交敏感客户提醒信息，再根据服务补救悖论解决客户问题的做法。这个方案不仅提高了服务质量，可能还是我们公司做出的带来最大利润的决策。

质量即流程（"3S 原则"）

全球零售业领导厂商沃尔玛的创始人山姆·沃尔顿明白，要想将竞争对手塔吉特百货公司、凯马特公司和杰西潘尼公司的顾客争取过来，那他必须超越顾客预期。他曾经说过："作为一家企业，我们的目标不仅是要提供最好的顾客服务，还要成为传奇。"当然，竞争对手的首席执行官们也想提供优质服务。但山姆·沃尔顿与他们之间的差异并不在于沃尔顿的抱负，而在于他为实现这些抱负而创造的可扩展、可持续和简单（scalable, sustainable and simple，"3S"）的流程。

许多领导者错误地认为，质量是一种"心态"，或质量可通过"质量为王"这样的口号来实现。在执着于追求卓越品质时，需执行"3S原则"，建立可扩展、可持续和简单的流程。顾客不会在乎你的广告文案。对他们而言，唯一重要的是你是否符合他们对质量的定义。整个公司长期持续提供优秀质量的唯一方法就是将质量与流程相结合。例如，沃尔顿没有告诉商店经理要让顾客宾至如归，而是制定了迎宾员制度，这就是一种可持续、可扩展、简单的经营策略。[9]

实行"3S原则"始于确保第一次就提供正确的产品或服务。第一次就把事情做好顺应了成本结构的要求——事后补救成本高昂。正因如此，六西格玛管理概念在20世纪80年代中期便开始流行，其目标是在第一次提供产品或服务时就达到99.73%的正确率，据说该管理方法为通用电气公司节省了超过10亿美元。[10] 质量无关美德，而是节约成本、创造收入的策略，目标是帮助企业在市场上取得成功。执着于追求卓越品质，目的就是赚更多的钱。

在一项涉及各个行业共1300家企业的大型研究中，研究人员观察了低劣质量在交货时所造成的成本影响。[11] 研究小组查看了受访公司的缺陷率，然后将它们从最优到最差分为五等。每个错误平均需要员工花费约两小时来纠正。根据所有受访公司的平均工资率来看，与排名最靠后的公司相比，排名最靠前的公司每名员工节省了1.34万美元。

我经营过一家电信公司，我们会对所有安装了设备的客户进行100%的检查，业内从未有过这样的先例。起初，许多经理认为这个想法成本太高，并试图说服我随机检查更具经济效益。但那时，我已经开始意识到，如果让安装团队明白存在的任何缺陷肯定会被发现，那他们就会在一开始把事情做好——换言之，质量是免费的。事情就是这样。我们的返工率下降到几乎为零，节约下来的金额远远抵消了检查费用。我们没有召开员工会议，向团队宣传"竭尽全力"，也没有在公司餐厅张贴海报或与外部机构合作制定口号。相反，我们努力制定可扩展和可持续的流程，确保提供卓越的品质。

简单明了

在保证产品质量的过程中，复杂性有害无利。大多数质量问题都源于标准的变化，随着复杂程度的增加，变化的可能性将以指数级的速度增长。为了说明这一点，假设我和你在射击场学习射击。[12] 我们都向目标发射了10发子弹。教练拿出望远镜，宣布我有5发正中靶心，而你1发都没中。这时，可能会认为我的枪法更好。但只要你取回枪靶，我便不能再沾沾自喜（见图22-2）。

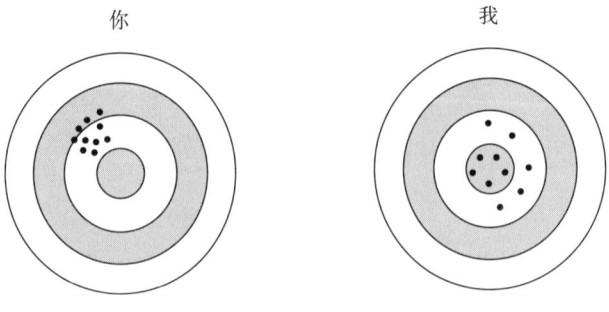

图22-2　谁的枪法更好

教练说你的枪法更好,因为你比我稳定。我可能更容易射中靶心,但存在随机偏差。但你只须稍微调整一下脸颊抵住枪托的姿势,下次就能10发8中了。

在设计质量控制流程时,体系越复杂,子弹被射到枪靶各环的可能性就越大。步骤越多,变化就越多,这意味着错误率也越高。

例如,如果你要求客服中心工作人员礼貌地接听电话,这时你的体系内就会存在一定的可变性。每名员工表示礼貌的方式不同,经理必须对所有不同版本的礼貌用语进行监控、评估并给出反馈。相反,如果你要求他们在接听电话时统一说:"风河环境公司,今天是美好的一天,有什么可以为您效劳?",那在每名员工都说同样的话时,主管就能轻松进行监控,不会听到五花八门的礼貌用语,而你制定出可持续、可扩展流程的可能性也会大幅提高。[13] 产品越复杂,3S原则就越重要。例如,在软件中,最简单的代码往往漏洞最少。这就是山姆·沃尔顿安排迎宾员的天才之处。这项制度具有可扩展性和可持续性,并且非常简单。

总结

埃米·埃里特领导的麦迪逊·里德公司面向寻求方便、优质、居家染发解决方案的顾客提供产品,主导这个染发细分市场。他们不开发伊卡璐(Clairol)等药店有售染发产品的竞品,不争夺喜欢高端沙龙服务的顾客,专门服务对质量有独特理解的客户群。埃米认为这是存在需求缺口的市场。与谢家华一样,埃米避开了试图为所有顾客提供所有东西的陷阱,找准了自己的市场——顺便说一句,截至本书成稿之时,埃米公司的销售额已飙升至2.5亿美元。

试图争取每一位客户是常见的错误,你在这样做时不会给任何人留下深刻印象。让目标客户眼前一亮自然意味着一些人喜欢你所提供的东西，而另一些人更愿意选择其他供应商。如果你想要争取每一位客户，那你在经营过程中难免手忙脚乱，最终在所有事情上都表现平庸。相反，你在思考质量问题时，应像谢家华创立 Zappos 时那样思考，或者像埃米经营麦迪逊·里德公司时那样思考——找准对质量有不同定义的市场，抱着想要惊艳客户的决心满足这部分客户的需求，打造长盛不衰的企业。

惊艳客户的决心

1. 请记住，商业不是"赢家通吃"的活动。
2. 放弃直觉或猜测，使用《点球成金》描述的分析策略来识别被忽视的独特利基市场，并找到你可以实现成功的领域。
3. 要想建立口碑，你必须超越顾客预期，而不仅仅是满足其期望。
4. 抱定惊艳客户的决心，这样可以实现五倍于付费广告所带来的销量，并以远低于传统市场营销活动的成本脱颖而出。
5. 放弃某些市场，将它们让给竞争对手。让目标客户眼前一亮自然意味着一些人喜欢你所提供的东西，而另一些人会选择其他供应商。
6. 利用服务补救悖论，在出现问题时，出色的改正行为可以提高客户忠诚度。
7. 建立利用服务补救悖论的体系、激励机制和流程（而非口号）。

| 运用本书提出的五项必备主技能 |

THE MANAGER'S
HANDBOOK

因为改变不了过去，你只能去创造未来。

——李东生，
TCL 集团董事长

在本书的开头，我介绍了洛伊·哈勒戴投出完投比赛的故事，以及他的教练在赛前对他说的话："上场后，拿出最佳状态。如果你在上场后拿出最佳状态，你就有机会成为伟大的球员。"出于对领导力的关注，我写下了这本书。我知道，卓越的领导者有成就伟业的潜力，而这个世界现在就需要这样的伟业。在成就伟业的过程中，你将对人们的生活产生积极影响，甚至做出更大的贡献。我希望你能够有机会成就卓越。因此，在本书的末尾，我想要告诉你，请不要在这五项主技能中挑选某一项来运用。

在学习弹奏钢琴时，学会双手同时弹奏是非常困难的，但你如果不学习，就永远不会弹奏《筷子华尔兹》。本书的一些技能就是这样，它们运用起来比其他技能更难，也更枯燥。学习弹奏钢琴不能跳过一些步骤，高效的管理同样没有捷径可走。与在面试前几分钟匆匆浏览简历相比，组织一场包含结构化问题的团队面试会困难得多。浮浅工作比深度工作容易；向客户发送在线质量调查问卷也比深入理解客户反馈容易。但是，如果你想要有机会成就卓越，你就必须像其他人一样迎难而上。

尽管山姆·沃尔顿的公司起步晚了 50 多年，而且从事的是有史以来最古老的行业之一，但他的生意超过了杰西潘尼、塔吉特和凯马特。这并不是因为沃尔顿发明了百货商店，而是因为他聘用了更出色的人才，专注要务，听取建议，认真管理时间，并执着于追求客户心目中的质量。山姆·沃尔顿或许并未完全按照本书的建议组织会议，但他的会议确实卓有成效。因此，除非你掌握这五项主技能及其子技能，包括你不想运用的技能，否则便无法成为下一个山姆·沃尔顿。

你可能总想选择性地运用本书提出的部分子技能。这种情况下，你很可能会选择简单的技能，忽略那些困难、乏味、无聊、不受团队欢迎的技能。正如亿万富翁风险投资家本·霍洛维茨所言，这是"比难更难的事"。

综合运用这五项主技能可以产生增强效应。试想一下，当跟在拖拉机后面时，如果你知道如何像约瑟夫一样倾听，那将产生怎样的不同。通过以结果为导向进行招聘和注意 100 天窗口期，你会创建出一支出色的团队。你可以根据绝对坦率和即时绩效反馈的原则对团队成员进行教练指导。他们不会跳槽去为竞争对手工作，因为你制定了离职面谈和全方位考核制度，对该问题保持警惕。在你们开会时，会议效果会很好，目标也会更加明确。你在遇到问题或有所顾虑时，可以向顾问网络求助。你的团队朝着同一个方向快速前进，因为你制订了经营计划，确定了任务的轻重缓急，还设定了有效的关键绩效指标。

如果你希望有机会成就伟业，那就不能只运用简单的技能，你必须运用所有技能，包括最难的那些。

因此，在这五项主技能成为习惯之前，我建议你将这本书放在桌上，或者放在你每天都能看到的地方，提醒自己向知道如何办成事的管理者学习，践行这五项主技能。接着，将这些子技能推广到组织的各个层级，要求员工掌握。一支伟大的管弦乐队需要的不仅是一位钢琴家，它需要的是一支熟练的音乐家队伍。你的组织也是如此。领导者是乐队指挥，不是演奏者。想象一下，整个组织都掌握了完成工作所需的五项主技能，你们将发挥多大的力量。

最后，等到整个组织都运用这五项主技能之后，将这本已被翻得破旧的书送给组织外部的朋友，把爱传递出去。在轮到你做导师时，要让下一代领导者知道，虽然他们可能已经足够优秀，但也值得拥有走向卓越的机会。

| 致 谢 |

THE MANAGER'S
HANDBOOK

大概五年前，我写了一份指南，介绍收购公司后最初的100天内应该做些什么。这就是本书的缘起。自那以后，我在苏珊·波尔迈尔和汉娜·多德森的协助下完成了一份又一份类似的指南。有一天，我觉得可以将这些材料结集成书。但是，这个想法太过天真了。事实上，这本《管理者手册：五步教你从组建团队到击败对手》之所以成书，既离不开我长达数百小时的投入（幸好我没记录到底花了多少时间），也有赖于许多人的智慧与指导。我获得了太多帮助，无法悉数列举。不过，我将竭尽所能，向众多帮助过我的人表达谢意。

感谢我那些首席执行官和企业家朋友，他们阅读了本书各章节，给出了宝贵的洞见。感谢我教过的数十名学生，他们阅读了本书草拟阶段的各个版本，并为终版提供了反馈。我要感谢的人实在是太多了，所有人都十分出色，在此一并致谢。感谢各位！

杰夫·史蒂文斯、菲尔·罗森布鲁姆、乔恩·赫尔佐格、凯文·塔维尔、凯伦·利申和格雷厄姆·维米勒对本书内容做出了巨大贡献。

我在斯坦福大学的同事科利·安德鲁斯、珍妮弗·杜尔斯基、吉姆·埃利斯、彼得·凯利、乔尔·彼得森和杰拉尔德·里斯克让我学到了许多有关管理的最佳实践，非常感谢。在我构思招聘和入职后适职期、培训框架及招聘记分卡最佳用法这部分内容时，格雷厄姆·韦弗提供了很大的帮助。哈佛商学院的迈克尔·波特指导了我的写作，并帮助我发现了战略与实施之间的平衡。

西蒙·科林斯、马尔科姆·科林斯、钱多斯·马洪、威尔·科尔特和劳拉·富兰克林从组织新上任领导的角度提供了详细、宝贵的反馈意见。若非他们的指导，我可能无法准确地呈现本书中的知识。斯蒂芬妮·康奈尔、杰米·康奈尔、琳达·亨利和戴夫·梅尼阅读了前几章内容，并指导我优化本书的定位和结构。

许多出色的专家就关键子技能对我提供了指导。卢·阿德勒是《选聘精英5步法》一书的作者，他对我制定以结果为导向的标准化招聘流程产生了巨大影响。斯坦福大学前教员兼作家吉姆·柯林斯提出过一些关键数据和框架，它们对我思考造就卓越领导者的要素颇有帮助。金·斯科特有关提供反馈意见的著作为我写作本书提供了合适的框架，卡尔·纽波特的《深度工作》一书对我在本书中提到的时间管理实践影响至深。关于设定并坚持优先级，尤其是关键绩效指标（KPI），我学到的很多知识都要归功于我的商业伙伴约翰·奥康奈尔。

若非卡姆·莱曼和编辑简·亚历山大提供帮助，以及里克·沃尔夫给予指导，我的想法不可能变成这样一本值得一读的图书。克里斯汀·西格里斯特就像这本书与我生活之间的纽带。Wiley出版社的萨莉·贝克、谢里尔·纳尔逊、扎克·希斯加尔、德博拉·辛德勒和凯齐亚·恩兹利是所谓上帝派来的"天使"，他们组成团队，将我的手稿成功付梓。汤姆·巴巴什耐心教导我如何写作，我的所有进步都归功于他，虽然我的写作技能仍有待改进。本书最终得以成书，我的代理人爱丽丝·马特尔功不可没。她对该项目抱有信心，不断督促我前进，而且从不放弃追求卓越。

在我作为管理者的成长历程中，我要感谢曾与我共事的董事会成员：乔恩·阿博特、杰夫·布拉达赫、比尔·伊根、加里·库辛、鲍勃·奥斯特、帕蒂·里巴科夫、米特·罗姆尼、吉姆·萨瑟恩、理查德·塔德勒和威尔·桑代克。在我人生的历程中，我最感激的是我的三个女儿：瑞秋、汉娜和卡罗琳。

我还要感谢妻子温迪，她相信我能写书，在其他许多事情上也都给予我信任。我好几次宣布这本书已经完稿，但总是出尔反尔，感谢她对此毫无怨言。

感谢 H. 欧文·格鲁斯贝克。

注释

THE MANAGER'S HANDBOOK

引言

1. Collins, J. (2001). *First Who, Then What.*

第 1 章

1. Collins, J. C. (2001). *Good to Great: Why Some Companies Make the Leap . . . and Other Don't.* New York, NY: Harper Business.
2. Leadership IQ, *Why New Hires Fail,* 2011 and 2020.
3. Cappelli, P. (2019, May–June). Your approach to hiring is all wrong. *Harvard Business Review.*
4. Gladwell, M. (2019). *Talking to Strangers.* New York, NY: Little, Brown and Company.
5. Adler, L. (2007). *Hire with Your Head: Using Performance-Based Hiring to Build Great Teams.* 3rd ed. Hoboken, NJ: Wiley.
6. 同上。
7. 涨薪记录可以有力地证明应聘者在组织内取得了成功。不过,一些州和市政当局不允许组织机构查询应聘者的历史薪酬,意在保护与其他群体相比一直报酬过低的群体(例如,男性和女性之间的工资差距),防止薪资歧视。如果你获准查询历史薪酬,那你必须采取保护措施,确保这些信息不会被用于制造薪酬歧视。

8. Smart, G., and Street, R. (2008). *Who*. New York, NY: Ballantine Books.
9. Adler, L. (2007). *Hire with Your Head: Using Performance-based Hiring to Build Great Teams*. 3rd ed. Hoboken, NJ: Wiley.

第 2 章

1. The name has been changed to protect the privacy of the individual.
2. Martin, J. (2014, January 17). For senior managers, fit matters more than skill. *Harvard Business Review*.
3. Greenberg, A. (2015, January). Why employee onboarding matters. *Contract Recruiter*.
4. Flowers, V. S., and Hughes, C. L. (1973, July). Why employees stay. *Harvard Business Review*.
5. Seppala, E., and King, M. (2017, August 8). Having work friends can be tricky, but it's worth it. *Harvard Business Review*.
6. Mejia, Z. (2018, March 30). Why having friends at work is so crucial for your success. *CNBC*.
7. Cutter, C. (2022, June 25). Bosses swear by the 90-day rule to keep workers long term. *Wall Street Journal*.
8. Cutter, C. (2022, June 25). Bosses swear by the 90-day rule to keep workers long term. *Wall Street Journal*.

第 3 章

1. Eichenwald, K. (2012, July 3). Microsoft's lost decade. *Vanity Fair*.
2. Buckingham, M., and Goodall, A. (2015, April). Reinventing performance management. *Harvard Business Review*.
3. Cunningham, L. (2015, July 23). Accenture CEO explains why he's overhauling performance reviews. *The Washington Post*.

4. Sutton, R., and Wigert, B. (2019, May 6). More harm than good: The truth about performance reviews. *Gallup Workplace.*

5. Scott, K. (2019). *Radical Candor. How to Get What You Want By Saying What You Mean.* New York, NY: St. Martin's Press.

6. Scott, K. (2019). *Radical Candor: Be a Kick-Ass Boss Without Losing Your Humanity.* New York, NY: St. Martin's Press.

7. 一般认为,"三明治反馈法"是玫琳凯化妆品公司创始人玫琳凯·艾施发明的词汇。

8. Farragher, T., and Nelson, S. (2002, October 24). Business record helps, hinders Romney. *Boston Globe.*

9. Robison, J. (2006, November 9). In praise of praising your employees. *Gallup Workplace.*

第 4 章

1. Fleenor, J., and Prince, J. (1997). *Using 360-Degree Feedback in Organizations.* Greensboro, NC: Center for Creative Leadership.

2. Zenger, J., and Folkman, J. (2012, September 7). Getting 360 degree reviews right. *Harvard Business Review.*

3. 由于案例的敏感性,相关姓名为化名,提供确切反馈的部分也使用了化名。不过,语气和整体内容与实际情况一致。

4. Marcroft, D. (2021 June 22). *A silenced workforce: Four in five employees feel colleagues aren't heard equally* [online]. UKG.

第 5 章

1. Eagle Hill Consulting. (2015). *Are low performers destroying your culture and driving away your best employees? Here's what you can do* [online].

2. 有人认为,组织内的所有人都必须是 A 级员工。我觉得这是一种理想状态。大部分组织都有只需 B 级员工就能胜任的职位。如果花费时间、精力（和开支）将 B 级员工更换为 A 级员工，其他更重要的事项将受到干扰。对组织而言，一些职位事关重大，选择 B 级还是 A 级人员的影响也最大，因此我建议将精力主要放在物色出任这些职位的人选上。

3. 我在许多问题前加上了"三年后"，这是格雷厄姆·韦弗的功劳。这个简单的方法非常实用，特别是在解决人事相关问题时。

4. 这些问题由我和斯坦福大学同事格雷厄姆·韦弗共同设计。

5. Manzoni, J-F., and Barsoux, J-L. (1998, March–April). The set-up-to-fail syndrome, *Harvard Business Review*.

6. Sutton, R. (2007). *The No Asshole Rule: Building a Civilized Workplace and Surviving One That Isn't*. New York, NY: Hachette Book Group.

7. 冒犯、侵入个人空间、主动发生身体接触、威胁、挖苦、发电子邮件辱骂、侮辱、羞辱、插嘴、诽谤、摆臭脸、冷暴力。

8. Collins, J. (2001). *Good to Great: Why Some Companies Make the Leap . . . and Others Don't*. New York, NY: Harper Business.

9. 我未能查到这句话最早的出处。2007 年，戴夫·托马斯的 QCon 演讲让更多人知道了该概念，但我发现在此之前就有人引用过这句话。

第 6 章

1. Axelrod, B., Handfield-Jones, H., and Michaels, E. (2002, January). A new game plan for C players. *Harvard Business Review*.

2. Dalio, Ray. Bridgewater Associates.

3. 在实际工作中，员工福利相关法律，比如《统一综合预算协调法案》，内容会有变动。我之所以提到协调法案，是为了说明更大的概念，即你应与辖区当地和业内专家仔细研究适用的行业法律法规，并在与被解雇员工开会前做好充分准备。

4. 这是我在处理雇佣诉讼时所得出的经验。它不一定适用于你的情况。你应先咨询律师和顾问，随后再根据自己的具体情况、事实和条件做出判断。

5. 如果你有理由相信某人可能做出暴力举动或给你的团队带来危险，应在会前仔细咨询专家。如果你有任何疑问或需要额外的经验，请咨询专家意见。

6. Peterson, J. (2020, March-April). Firing with compassion. *Harvard Business Review*.

第 7 章

1. McFeely, S., and Wigert, B. (2019, March 13). This fixable problem cost U.S. businesses $1 trillion [online]. *Gallup Workplace*.

2. 同上。

3. 同上。

4. Nelson, N. C. (2021). *Make More Money by Making Your Employees Happy*. 2nd ed.

5. Brooks, A. C. (2022, October 13). If you want success, pursue happiness. *The Atlantic*.

6. 一般认为，这是肯尼斯·布兰查德的名言，不过布兰查德声称这句话出自里克·泰特之口。泰特曾在布兰查德于 1979 年创立的国际管理培训和咨询公司肯·布兰查德公司工作过。

第 8 章

1. 当时，弗雷德里克·泰勒也在开展关于时间和运动的相似研究。

2. Sutton, R., and Rao, H. (2014) *Scaling Up Excellence: Getting to More Without Settling for Less*. New York, NY: Crown Business Books.

3. EarthDate. (2020). *How 10 fingers became 12 hours* [online].

4. Porter, M., and Nohria, N. (2018, July–August). How CEOs manage time. *Harvard Business Review*.

5. Mark, G. (2006, June 8) Too many interruptions at work?. *Gallup Business Journal.*

6. Gehl, K., and Porter, M. (2020). *The Politics Industry: How Political Innovation Can Break Partisan Gridlock and Save Our Democracy.* Boston, MA: Harvard Business Review Press.

7. Newport, C. (2016). *Deep Work: Rules for Focused Success in a Distracted World.* New York, NY: Grant Central Publishing.

8. Perlow, L. (1999). The time famine: Toward a sociology of work time. *Administrative, Science Quarterly,* 44(1).

9. Horne, J. A., and Östberg O. (1976). A self-assessment questionnaire to determine morningness-eveningness in human circadian rhythms. *International Journal of Chronobiology.* 4(2).

10. Fogg, B. J. (2020). *Tiny Habits: The Small Changes That Change Everything.* Boston, MA: Mariner Books.

第 9 章

1. Lewis, N. A., and Oyserman, D. (2015, April 23). When does the future begin? Time metrics matter, connecting present and future selves *Psychological Science.* 26(6).

2. Parker, J. (2021, June 18). An ode to procrastination. *The Atlantic.*

3. Techonomy Media. (2011). *Jack Dorsey on working for two companies full-time* [Video]. YouTube.

4. McTighe, J., and Willis, J. (2019). *Upgrade Your Teaching: Understanding by Design Meets Neuroscience.* Alexandria, VA: ASCD.

第 10 章

1. Mankins, M., Brahm, C., and Caimi, G. (2014, May). Your scarcest resource. *Harvard Business Review.*

2. 2019 Adobe Email Usage Study.

3. De Semet, A., Hewes, C., Luo, M., Maxwell, J. R., and Simon, P. (2022, January 10). *If we're all so busy, why isn't anything getting done?* [online] McKinsey & Company.

4. Porter, M., and Nohria, N. (2018, July–August). How CEOs manage their time. *Harvard Business Review.*

5. Stone, Lisa. Founder, The Attention Project.

6. Jackson, T., Dawson, R., and Wilson, D. (2003). *Understanding email interaction increases organizational productivity* [online]. Loughborough University.

7. Peck, S. (2019, September 20). 6 ways to set boundaries around email. *Harvard Business Review.*

8. Jackson, T., Dawson, R., and Wilson, D. (2003). *Understanding email interaction increases organizational productivity* [online]. Loughborough University.

9. Leswig, K. (2016, April 18). The average iPhone is unlocked 80 times per day. *Business Insider.*

10. Statista (2022). *Daily time spent on social networking by internet users worldwide from 2012 to 2022* [online].

11. Marshall, J. (2021, April 2). Scale was the god that failed. *The Atlantic.*

12. Dabbish, L., Kraut, R., Fussell S., and Kiesler, S. (2005, April). *Understanding Email Use: Predicting Action on a Message. Human-Computer Interaction Institute,* School of Computer Science, Carnegie Mellon University.

13. Plummer, M. (2019, January 22). How to spend way less time on email every day. *Harvard Business Review.*

14. Mankins, M., Brahm, C., and Caimi, G. (2014, May). Your scarcest resource. *Harvard Business Review.*

第 11 章

1. Bonsall, A. (2022, September 29). 3 types of meetings—and how to do each one well. *Harvard Business Review*.
2. Mankins, M., Brahm, C., and Caimi, G. (2014, May). Your scarcest resource. *Harvard Business Review*.
3. 同上。
4. Rogelberg, S., Scott, C., and Kello, J. (2007). The science and fiction of meetings. *MIT Sloan Management Review*, 48(2).
5. De Semet, A., Hewes, C., Luo, M., Maxwell, J. R., and Simon, P. (2022, January 10). *If we're all so busy, why isn't anything getting done?* [online]. McKinsey & Company.
6. Kennedy, R. (1971). *Thirteen days: A Memoir of the Cuban Missile Crisis*. New York, NY: W.W. Norton & Company.
7. Baer, D., and De Luce, I. (2019, August 13). 11 Tricks Steve Jobs, Jeff Bezos, and other famous execs use to run meetings. *Business Insider*.
8. 一般认为，这是美国前参议员丹尼尔·莫伊尼汉的观点。
9. Drucker, P. (2004, June). What makes an effective executive. *Harvard Business Review*.

第 12 章

1. 在商学院教授案例时，我一般会准确描述总体情况，但会对一些事实和名称进行调整，以便提高学生对该情况的理解程度，同时保护相关隐私。杜尔贝科和特朗尼的案例就是如此。

第 13 章

1. 一些组织要求员工签订保密协议，对可向他人透露的事情予以限制。注意避免任何可能促使他们有意无意间违反任何此类协议条款的事情。

2. Cohen, B. (2022, October 20). What happened when the U.S. military played "Shark Tank". *Wall Street Journal.*

第 14 章

1. Barra, M. (2015, August 3). *My mentors told me to take an HR role even though I was an engineer. They were right* [online]. LinkedIn.
2. Zalta, E. N., and Nodelman, U. (Eds.). (2022). *The Stanford Encyclopedia of Philosophy* [online]. Stanford University.
3. Bridges, T. (2014, January–February). Elway rallies again. *Stanford Magazine*, Stanford, California.

第 15 章

1. Symonds, M. (2011, January 21). Executive coaching—another set of clothes for the emperor? *Forbes.*
2. Schmidt, E., Rosenberg, J., and Eagle, A. (2019). *Trillion Dollar Coach: The Leadership Playbook of Silicon Valley's Bill Campbell.* New York, NY: Harper Collins.
3. Freeman, M., Johnson, S., Staudenmaier, P., and Zisser, M. (2015). *Are Entrepreneurs "Touched with Fire"?* The University of California and Stanford University.
4. Larker, D., Miles S., Tayan, B., and Gutman, M. (2013). *2013 Executive Coaching Survey.* The Miles Group and Stanford University.
5. Symonds, M. (2011, January 21). Executive coaching-another set of clothes for the emperor? *Forbes.*

第 17 章

1. Porter, M., and Nohria, N. (2018, July–August). How CEOs manage time. *Harvard Business Review*.
2. "在正确的高度看待问题"的说法归功于我在斯坦福大学的同事、捷蓝航空公司的创始人之一乔尔·彼得森。
3. Ittner, C., and Larcker, D. (2003, November). Coming up short on nonfinancial performance measurement. *Harvard Business Review*.
4. 为了说明"简单易懂"这个关键点,我使用了标准差的基本定义。更准确地说,标准差是指数据相对于数学平均值的离散度。
5. Southwest Airlines. (2021). *A turning point: The birth of the 10-mintue turn* [online]. Available from: https://southwest50.com/our-stories/a-turning-point-the-birth-of-the-10-minute-turn/.

第 18 章

1. 我要感谢杰夫·史蒂文斯在多年前首次向我介绍了基线预算的概念。他是 Anacapa Partners 公司的创始人,同时还身兼数职。
2. Isaacson, W. (2012, April). The real leadership lessons of Steve Jobs. *Harvard Business Review*.
3. Bariso, J. (2019). Bill Gates, Warren Buffett, and Steve Jobs all used 1 word to their advantage—and it led to amazing success. *Inc*.
4. Schwantes, M. (2022). Warren Buffett says what separates successful people from everyone else really comes down to a two-letter word. *Inc*.
5. Heath, C., and Heath, D. (2011). *Switch: How to Change Things When Change Is Hard*. Waterville, ME: Thorndike Press.

第19章

1. Hays Recruiting Specialists. (2017, October 16). *What People Want Report.*
2. 虽然一提到该原则，人们就会想到德鲁克及其影响深远的著作《管理的实践》，但它最早是由乔治·T. 多兰（George T. Doran）提出的：Doran, G. T. (1981). *There's a SMART way to write management's goals and objectives. Management Review.*
3. July/August Conference Board Review.
4. "狂欢夜"的概念和名称出自天腾电脑，该公司后被惠普公司收购。我认为该方案由天腾电脑创始人吉米·特雷比格（Jimmy Treybig）提出。
5. Sutton, R., and Rao, H. (2014). *Scaling Up Excellence, Getting to More Without Settling for Less.* New York, NY: Crown Business.
6. 以现金形式提供薪酬会涉及工资税，在以现金支付员工薪酬时需要考虑到这一点。

第20章

1. Gates, B. (1999). *Business @ the Speed of Thought.* New York, NY: Warner Books.
2. Debruyne, F., and Dullweber, A. (2015, April 8). *The five disciplines of customer experience leaders* [online]. Bain & Company Insights.
3. Afshar, V. (2017, December 6). 50 important customer experience stats for business leaders. *Huffington Post.* Based on work by Kolsky, E. (2017). *thinkJar annual survey.*
4. Hyken, S. (2020, July 12). Ninety-six percent of customers will leave you for bad customer service. *Forbes.*
5. Roesler, P. (2017, December 18). American Express study shows rising consumer expectations for good customer service. *Inc.*

6. Dolan, R. (1995, September–October). How do you know when the price is right? *Harvard Business Review*.

7. 同上。

8. 1956 年，在阿曼德·费根堡姆（Armand Feigenbaum）博士的带动下流行起来，费根堡姆在麻省理工学院斯隆管理学院获得博士学位。

9. Taguchi, G., and Clausing, D. (1990, January–February). Robust Quality. *Harvard Business Review*.

10. Dimensional Research. (2013, April). *Customer service and business results: A survey of customer service from mid-size companies* [online].

第 21 章

1. Svenson, O. (1981). Are we all less risky and more skillful than our fellow drivers? *Acta Psychologica,* 47(2).

2. Schwager, A., and Meyer, C. (2007, February). Understanding customer experience. *Harvard Business Review*.

3. 净推荐值：分值为 1 到 10 分（"绝不"到"极有可能"），询问受访者有多大可能性向朋友或同事推荐某种产品或服务。净推荐值已被证明是客户满意度的一个指标。

4. Dixon, M., Freeman, K., and Toman, N. (2010, July–August). Stop trying to delight your customers. *Harvard Business Review*.

5. Aral, S. (2013, December 19). The problem with online ratings. *MIT Sloan Management Review*; Klein, N. et al. (2018, March 6). Online reviews are biased. Here's how to fix them. *Harvard Business Review*.

6. Mauboussin, M. (2012, October). The true measures of success. *Harvard Business Review*.

7. Kosur, J. (2015, December 16). Intuit's CFO wants to follow you home and watch you work. *Business Insider*.

8. Solomon, M. (2018, December 23). How Safelite built a customer

service culture, doubled revenue by consulting customers directly. *Forbes*.

9. 净推荐值：分值为 1 到 10 分（"绝不"到"极有可能"），询问受访者有多大可能性向朋友或同事推荐某种产品或服务。

10. 客户费力度：分值一般为 1 到 5 分，使用调查工具请用户评价使用产品或享受服务的难易程度。客户费力度调查通常在互动后立即展开，首先是一个简单的问题，比如"我可以在戴夫甜甜圈店（Dave's Donuts）轻松买到我想要的甜甜圈"，然后是一个量表，其中 1 分表示"完全不同意"，5 分表示"完全同意"。

11. 首次解决率：衡量客户问题在首次接触时得到解决的百分比。首次解决率通常根据公司和客户提供的信息在内部汇总确定。

12. 客户满意度：分值一般为 1 到 5 分，使用调查工具请用户对体验的总体满意度进行评分。客户满意度通常会用简单的问题来调查，比如"总体而言，你对今天的甜甜圈满意吗？"，1 分表示"非常不满意"，5 分表示"非常满意"。

13. Debruyne, F., and Dullweber, A. (2015, April 8). *The five disciplines of customer experience leaders*. Bain & Company Insights.

第 22 章

1. Shults, T. (2019, August 1). Comeback story: A new chapter for indie bookstores. *The Christian Science Monitor*.

2. Raffaelli, R. (2020). Reinventing retail: The novel resurgence of independent bookstores (Working Paper 20-068). Cambridge, MA: Harvard Business School.

3. Hahn, F. (2019, February 21). How do indie bookstores compete with Amazon? Personality—and a sense of community. *The Washington Post*.

4. Debruyne, F., and Dullweber, A. (2015, April 8). *The five disciplines of customer experience leaders*. Bain & Company Insights.

5. 同上。

6. Fortune (2011). 100 best companies to work for. *CNN Money.*

7. Todorov, G. (2021, March 22). *Word of Mouth Marketing: 49 Statistics to Help You Boost Your Bottom Line.* Boston, MA: Semrush.

8. Celso, A., Henrique, J. L., and Rossi, C. (2007, August). Service recovery paradox: A meta-analysis. *Journal of Service Research.* 10(1).

9. 安排迎宾员的第二个目的是减少入店行窃事件的发生。

10. Dusharme, D. (n.d.). Six Sigma survey: Breaking through the Six Sigma hype. *Quality Digest.*

11. Takeuchi, H., and Quelch, J. (1983, July). Quality is more than making a good product. *Harvard Business Magazine.*

12. 射击场的例子是受到了田口玄一和唐·克劳金的启发。他们在1990年1月至2月发表于《哈佛商业评论》的文章《稳健的质量》(*Robust Quality*)中提出了类似观点。

13. 我在新英格兰地区经营风河环境公司时，曾要求客服人员这样接电话。不过，我的灵感最早来自Dalworth Carpets公司，这是得克萨斯州一家杰出的地毯清洁服务公司。在我职业生涯的早期，这家公司是我的质量导师。